늘 힘이되어주고 기도해주는
나의사랑하는 아내 전주원에게
이 책을 드립니다.

목차 　　영어를 통한 창의적 사고와 표현

I. 두 번째 출판을 펴내면서

>>>>>>>>>

I. 두 번째 출판을 펴내면서

 첫 번째 출판에 이어 두뇌로세계로를 통하여 두 번째 출판을 할 수 있는 기회가 주어져서 너무 감사할 따름입니다. 많은 영어교육에 종사하는 분들게 조그마한 도움이 되고자 하는 마음에서 출판을 하게되었습니다.

 이 책의 첫 번째 부분에서는 이론적 배경에서의 우리의 영어학습의 학문적 흐름을 연구 정리하였다. 우리의 영어학습의 세 가지 흐름으로써 행동주의, 인지주의, 그리고 구성주의의 과정을 거쳤는데, 그러한 학문적으로 역사적배경이 어떻게 영어 학습에 영향을 미쳤는지를 문헌연구를 통하여 조사하였다.

 우리의 영어학습법은 상당부분 좌뇌에 의존하여 영어를 습득하려고 하는 경향이 많았다. 외우며 암기(memorization)하고 그리고 반복(repetition)하는 행동주의적 방법을 교육현장, 특히 외국어 교실에서 많이 사용하였다. 이러한 전통적인 외국어 교육 및 학습법은 아직도 우리의 교육현장에서 중요한 자리를 차지한다. 물론 회화 및 듣기의 교육이 중요하게 인식됨에도 불구하고 여전히 이러한 행동주의적 관점에서의 언어 학습 및 교육법은 뿌리치기 어려운 언어학습의 유혹이라고 할 수 있다. 이러한 전통적 영어학습법은 영어의 형태 (form)를 습득하고자 노력한다. 정확한 영어의 형태 (form)를 습득함으로써 영어를 구사하는데 있어서의 정확성 (accuracy)을 추구하는 것을 목표로 한다. 이러한 정확성을 목표로 하는 영어 학습은 언어를 수행하는 과정에서 "당연하게" 발생하는 실수 (mistake) 및 오류 (error)를 가능한 한 억제하고 빠르게 수정 및 지적하여서 언어적 습관이 되지 않도록 노력하는 경향이 짙다. 하지만 영어 학습에서 오류 및 실수는 언어를 습득하는 과정에서 가장 중요하게 작용하는 발전의 한 과정이라고 할 수 있다. 오류 및 실수를 영어학습의 발달 과정으로 인식하는 것이 중요하다는 것을 강조할 필요가 있다. 단순히, 좌뇌형 영어학습법 이외에도 영어 학습과 밀접한 관련이 있는 영어 학습자의 나이, 유형, 성격도 상당히 중요한 역할을 한다는 사실을 인지하고 그러한 영어학습자와 그 학습자를 둘러싼 환경의 중요성을 고찰한다. 영어 학습자들은 상당부분 나이가 들어서 영어를 학습하게 되면 배우기가 어렵다고 생각하는 경향이 많고 실패할 확률이 높다고 생각한다. 그러나 나이가 들어서 영어를 학습하게 되면, 학습자의 폭넓은 배경지식과 열정 및 동기 등의 여러 가지 이유로 인해 어린이보다 영어 학습이 효과적일 수 있다. 어린이들도 충분한 교육적 환경과 피드백이 제공되지 않는다면 영어 학습과 습득에 실패할 수 있다. 또한 성인 영어학습자들도 시험을 위한 지나친 암기 위주와 단기간 학습을 위해 영어를 학습한다면 실패의 확률은 높다고 할 수 있다. 단순히 영어 학습은 언어의 형식 (form) 및 발음(pronunciation)을 외우고 흉내 내는 것이 아니라, 그 언어가 전달하는 의미 (meaning)를 파악하고 올바르게 이해 및 해석하는 것이기 때문이다.

본 책자에서는 또한 영어 학습자의 성격 또한 영어를 공부하고 습득하는데 아주 밀접한 관련이 있다는 사실을 증명한다. 즉, 영어 학습자에게 알맞고 필요한 학습법은 반드시 학습자의 성격과 관련이 있는 방법을 택하여야 하고, 더 나아가 학습자에게 적합한 영어 학습 유형을 제시하고 계발하여야 한다. 이러한 이론적 배경과 실제적 실험 결과를 토대로, 기존의 좌뇌에 치우친 암기 및 반복을 통한 연습위주의 영어 학습을 제시하기 보다는 언어학습의 본질적인 관점에서 언어의 기본적인 목적인 "의미전달 (delivery of meaning)"에 초점을 두고 가능한 한 영어의 형태와 정확성으로 인해 학습자의 의미가 제한받지 않으며 우뇌와 관련 있는 창의적이며 발산적인 사고를 중심으로 만들어진 실제 모델들을 제시한다. 이러한 창의적 실제 모델들은 다음의 네 가지 영역으로 나뉘어서 보다 세분화 되어서 영어학습자가 실제 이 모델들을 이용하여 영어 학습자들의 창의적이며 발산적인 사고행위와 방법을 모색한다. 그 내용은 다음과 같다 : (1) 유창성, (2) 유연성, (3) 정교성, 그리고 (4) 독창성이다.

결론적으로, 본 책자는 기존의 영어의 정확성을 목표로 하여 영어의 형태, 문법 및 발음 등을 지나치게 강조한 나머지 보다 중요하다고 할 수 있는 영어의 의미전달이 상당부분 교실현장에서 소외당하였다는 현실을 지적한다. 따라서 영어의 정확성뿐만 아니라,

영어의 유창성을 통한 영어의 의미전달을 극대화시키기 위한 영어 학습방법 이론을 정리 및 숙고하고 이에 따른 효과적인 영어 학습의 실제모델들을 제시한다.

이 책을 출판을 도와주신 두뇌로세계로 이동은 대표에게 다시 한번 감사드립니다.

저자 노승빈

2020. 9.

Ⅱ. 이론적 배경

>>>>>>>>>

영어를 통한 창의적 사고와 표현

Ⅱ. 이론적 배경

1. 영어 학습의 이론적 배경의 흐름

많은 언어학자들은 어떻게 하면 모국어와 외국어를 효과적으로 습득할 수 있는지를 연구하고 알아내기 위해서 많은 노력과 투자를 하였다. 과거에는 모국어를 연구하는 학자들이 모국어의 습득과정을 외국어 습득과정과 동일선상에서 보는 현상이 있었다. 이러한 현상은 모국어 습득과 외국어 학습의 차이점이 정확하게 구별되지 않은 이유 때문일 것이다. 어린아이들은 모국어를 성공적으로 습득하는 반면에 성인들은 외국어 학습에서 상당부분 어려움을 경험하거나 적지 않게 실패하는 경우가 많다. 그 이유는 언어학습의 차이, 사회문화적 차이, 인지적 차이, 교육 환경적 차이 등에 근거할 수 있다. 언어학습의 차이로는 어린이들은 언어학습 시 언어의 형태 (form) 보다는 언어의 의미 (meaning), 기능 (function), 및 목적 (purpose)에 더 많은 신경을 기울이는 반면 성인들의 언어학습은 의식적인 학습이나 분석적이며 연역적인 학습에 치중한다. 다시 말하자면, 어린이들의 언어학습의 목적은 정확하게 발음하고 정확하게 단어를 외워서 적고 정확하게 문법지식을 구사하게 위해서 언어를 배운 다기 보다는 먹고 싶은 것, 입고 싶은 것, 갖고 싶은 것 등등의 본인의 뜻을 전달하기 위해서 언어를 배운다는 것이다. 반면, 성인들은 시험과 승진 등의 목적을 이루기 위해서 언어의 정확성에 초점을 둔 형태에 치중한다고 할 수 있다.

우리의 영어학습법은 상당부분 좌뇌에 의존하여 영어를 학습 및 습득하려고 하는 경향이 많았다. 외워서 (memorize) 암기하고 그리고 반복하는 방법이다. 이 전통적인 외국어 교육 및 학습법은 아직도 우리의 교육현장에서 중요한 자리를 차지한다. 물론 회화 및 듣기의 교육이 중요하게 인식되면서 어느 정도 말하기 및 듣기와 같은 영역의 중요성이 부각된다. 그럼에도 불구하고 여전히 이러한 행동주의적 관점에서의 언어 학습 및 교육법은 중요한 역할을 한다. 이러한 영어학습법은 영어의 형태 (form)를 습득하고자 노력한다. 정확한 영어의 형태 (form)를 습득함으로써 영어를 구사하는데 있어서의 정확성 (accuracy)을 추구하는 것을 목표로 한다. 따라서 이러한 목표는 언어를 수행하는 과정 속에서 발생할 수 있는 오류 (errors)를 긍정적인 요소를 간주하지 않는다. 오히려 오류는 반드시 수정되어져야 하는 것으로써 언어 습득의 가장 큰 장애요소를 보는 경향이 지배적 이였다.

Hendrickson(1987)[1]가 주장하듯이 오류는 마치 "죄"와 같은 것 이어서 죄를 저지르면 곧바로 회개하고 고쳐야 하는 것으로 인식 되었다. 이러한 오류-수정(error-correction)이 그동안 영어교실 안 에서 중요한 역할을 담당한 것은 영어 학습자의 오류를 수정하지 않으면 그 오류가 학습자의 고착화된 습관이 되어서 나중에는 전 혀 수정할 수 없다는 "화석화(fossilization)"에 근거하였다. 반면 영 어 학습이 의미를 찾고자 노력한다면 그 목표는 유창성 (fluency) 이라고 할 수 있다. 물론 정확성을 목표로 하는 영어 학습보다는 오류에 더 많겠지만 영어 학습에서 발생하는 오류를 즉각 수정해 야 하는 잘못된 "죄"로 간주하기 보다는 발전으로 보는 시각을 가 진다. 더 나아가 오류-수정을 정당화 할 수 있었던 근거인 화석화에 상응하는 요소인 "냉동화(cryogenation)"의 개념을 차용하였다. 영 어 학습자가 만들어 내는 오류를 그 즉시 수정하지 않는다고 해서 오류가 고착화 및 화석화가 되기보다는 영어 학습자의 오류는 자 율성 (autonomy)이 있으므로 그 즉시 수정하기 보다는 환경과 피 드백을 통하여 스스로 오류를 수정할 수 있을 기다리는 것이 보다 더 교육적 효과가 높다 (Brown, 2002). 설령 오류를 그 즉시 수정

---

1) Hendrickson, James M. (1987). Error correction in foreign language teaching: Recent theory, research, and practice. *Methodology in TESOL: A book of reading.* Boston:Heinle.

하지 않아서 잘못된 오류가 고착되더라도 그것은 굳어버린 화석화라기보다는 냉동화로 간주되기에 주변에 열을 가해주면 언제든지 냉동화(冷凍化)는 녹을 수 있다는 은유적이 개념으로 설명되어질 수 있다. 다시 말하자면, 화석화와 냉동화의 공통점은 모두 딱딱하게 굳어버렸다는 것이지만 한쪽은 열을 가해주면 언제든지 굳어서 얼어버린 물체를 녹일 수 있다. 다음의 <그림 1>은 영어 학습의 과정을 대조되는 두 가지 측면에서 이해하기 쉽도록 도식화하였다.

<그림 1. 영어 학습의 목표>

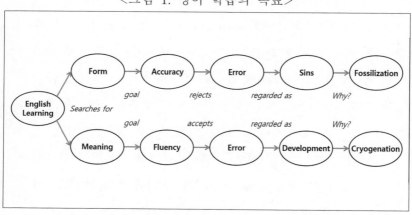

우리의 언어학습법은 인간의 모국어 학습 (human learning)에 관해 크게 3가지 과정의 흐름을 거쳐 왔다. 언어습득을 인체 행위의 한 부분으로 간주한 행동주의와 언어습득은 선천적으로 유전적인 요소에 근거한다고 주장하는 생성주의 또는 생득론적 관점 그리고 언어습득은 학습자의 주변적 환경과의 상호작용을 통해서 습득한다는 구성주의가 있다.2) 이러한 세 가지 관점을 다음에서 간략

하게 소개하고자 한다.

1.1. 행동주의 : Say what I say
(내가 말하는 대로 말하라)

행동주의자들은 인간의 행동은 여러 하위구성 요소들로 구성되어있고 각각의 구성 요소들의 총체가 인간의 행동이라고 정의 내린다. 따라서 언어도 인간 행동의 한 양상이므로 언어의 하위 구성 요소들을 총체적으로 습득하면 한 언어의 습득이 완성된다고 주장한다. 이러한 맥락에서 행동주의자들의 가장 중요한 언어학습 및 습득의 요소는 모방과 습관형성의 문제라고 주장한다. 어린아이들이 언어를 습득할 때 그들의 주변에서 들은 언어소리와 형태를 모방하고 더욱 강화시키므로 써 언어를 습득한다고 강조한다. 따라서 올바른 언어사용의 습관을 형성할 때까지 어린아이들은 이러한 언어소리와 형태를 계속적으로 모방하는 것이다. 행동주의적 관점은 언어행위 (verbal behavior)도 일종의 인간 행동의 한 부분이라고 간주한다. 따라서 우리의 신체 어느 한 부분을 훈련하고 단련시키려면 수많은 시간과 노력을 통한 연습과 반복을 하듯이 언어학습도 그러한 방법을 따라가는 것이다.

인식론적 전제에서 행동주의를 지켜보면 인간의 내적 정신세계의 존재를 부정하고 오직 외적 물질세계만이 존재한다는 인식론을

---

2) How languages are learned(1997) Patsy M. Lightbown and Nina Spada (Oxford University Press)

가지고 있다. 인간의 행동은 보상과 처벌로 변화가능하다고 생각한다. 학습의 개념에서 보면 학습자의 기대되어지는 바람직한 행동변화를 유발하기 위해서 자극을 중시하게 되는데 그 중 지식은 행동의 변화를 일으킬 수 있다고 생각하며 지식의 결과는 행동으로 나타난다. 행동주의적 관점에서의 학습의 핵심적인 요소는 자극, 반응, 그리고 강화이다. 이러한 세 가지 요소들의 관계와 반복을 통하여 학습이란 점차적으로 강화되어지는 것이다. Skinner (1974)는 학습자는 지식을 수동적으로 흡수하는 것이고 행동, 경험, 시행착오를 통해 능동적으로 학습하는 것이라고 설명한다.

행동주의적 관점의 대표적인 이론으로는 스키너의 조작적 조건화 이론과 프로그램 학습이론이 있다. 스키너의 조작적 조건화란 보상을 줌으로써 행동을 계속적으로 반복시킨다. 이로써 인간의 행동은 보상을 제공함으로써 보다 더 강화시킬 수 있다고 주장한다. 즉, 보상이 주어지는 행동을 다시 반복함으로써 인간의 행동은 보상을 제공함으로써 강화되어 질 수 있다는 것이다. 따라서 유기체의 행동을 변화시키기 위해서는, 그 유기체에 보상이 될 만한 것을 찾아내어, 바람직한 행동을 하면 즉각적으로 미리 준비된 보상을 제공하는 것이다. 또한, 스키너의 프로그램 학습 (programmed learning)은 "학습은 만들어 질 수 있다"라는 명제를 가지고 시작한다. 따라서 이 학습법은 프로그램 학습의 개발을 강조한다. 프로그램이란 미리 예정되어 있는 배열된 순서를 지칭한다. 이 프로그램에 맞추어서 교사는 학습자가 응답 및 반응을 하도록 내용을 지시하며 학습자의 반응에 대해 적절한 피드백을 제공하고 학습자의 올바른 반응을 통해 다음 단계로 이동하는 것이다. 다시 말해 프로그램 학습의 주요 특징은 수단계 학습을 거쳐 학습자의 정확한 반응에 즉각적인 강화를 제공하고 학습자의 속도에 맞춘 학습을 진행하는 것이 주요 특징이라고 할 수 있다. 이러한 프로그램식 지도법은 외국어 교수에도 수십 년간 지대한 영향을 미쳤다. 교실 내 수업은 잘 짜인 강화 스케줄에 따라 구술 조작을 통제하는 연습 위주로 이루어졌고 이러한 학습법은 청화식 교수법이란 이론으로 1950년대부터 1970년대 초까지 미국의 외국어 교수 방법에 끼친 Skinner의 영향력을 잘 보여주는 대표적인 예라고 할 수 있다. 하지만 언어학습이라는 것은 인지적, 정의적 측면과도 밀접한 관련이 있기 때문에 이러한 프로그램식 학습법이 전체적인 언어학습에 영향을 미친다고 보기에는 그 영역이 제한적이라고 할 수 있다.

위에서 언급한 행동주의는 언어학파에 영향을 미치면서 구조주의가 형성되었다. 구조주의는 1940년대와 1950년대 주류를 이루면서 Bloomfield, Edward Sapir, Charles Hockett, Charles Fries가 구조주의의 틀과 완성을 이루었다. 인간 언어의 관찰을 통한 과학적 원리를 가장 중요시함으로써 명백하게 겉으로 관찰되어지는 반응들만이 그들의 연구의 대상이었다. 따라서 구조주의 언어학자들은 명백하게 관찰되는 자료만을 연구하였다. 따라서 생각 또는 의미라는 개념은 상당히 허구이며 화자는 언어 행위의 장이지 그 원인이 아니라고 주장하였다. 구조주의는 언어를 아주 작은 부분 또는 단위들로 분해하면서 과학적으로 비교 대조하고 다시 합하면 전체 언어를 형성하게 된다는 상당히 체계적이며 기술적인 면을 강조하였다. 그로 인하여 과학적인 방법들이 언어라는 것을 구조적으로 분해 및 조립하는데 주로 사용되었으며 직관, 의미, 사고, 의식과 같은 개념들은 연구의 대상이 절대 없다, 즉, 탐구할 가치가 없는 영역이라고 주장하였다.

위에서 살펴보았듯이 행동주의 학습 이론이 주장하는 것처럼 인간의 행동은 예측 가능하고 통제될 수 있어서 과학적 연구를 통한 검증이 가능하다고 주장한다. 하지만 인간의 행동에는 여러 가지의 변인과 변수들이 서로 복합적으로 존재하기 때문에 예측과 통제가 어렵거나 불가능한 경우가 많이 존재한다. 행동주의 학습의 한계로는 학습자가 명백한 목표를 가져야하는 것이다. 일정 목표 수준에 도달하기 위해 학습자는 자극상태에 자동적으로 반응하도록 훈련받는다는 사실이다. 이러한 목표는 학습자의 창의적인 생각 행동에 방해를 줄 수 있다.

창의적 학습은 다양성을 인정하는 학습이라는 개념 속에서 모든 학습자가 동일한 학습목표를 도달하기 위해서 학습자들에게 동일한 교육과정을 제공하고, 모든 학습자를 동일하게 취급하는 것에 대한 한계를 지적한다. 이는 행동주의적 관점의 학습은 학습목표를 위한 단계 속에서 학습자의 다양성 보다는 학습자의 반응, 피드백, 정확성, 그리고 속도가 중시하기 때문이다. 이러한 학습목표를 가진 교실 수업의 성패는 수업을 이끌고 가는 교사에게 전적으로 달려있다고 할 수 있다. 그러나 창의적 학습의 관점에서 더 이상 학습자들은 수동적, 기계적이라고 하기 보다는 스스로 탐구하는 능동적, 창의적이고, 지식의 단순한 소비자 및 수령인이기 보다는 새로운 정보와 지식을 창출해내는 지식의 생산자이다. 학습자는 외부자극에 의해서만 단순히 반응하는 존재가 아니라, 자신의 고유한 정신적 구조, 사고, 감정에 의해 행동하는 능동적인 존재인 것이다.

1.2. 인지주의 : It is all in your mind
(모든 것이 당신 마음속에 있다)

인간의 언어학습이 행동주의가 주장하는 것처럼 반복, 연습, 조건화를 통한 습관형성으로 이루어진다는 것은 인간의 언어학습이 상당부분 창의성과 다양성을 설명하기에는 한계가 있다. 즉, 인지주의적 관점에서 인간이 성장하면서 학습하게 되는 엄청난 양의 언어학습량이 단순히 행동주의 이론에 따라 수많은 언어행위를 반복과 연습을 통하여서 습득한다는 주장은 더 이상 받아들일 수 없는 것이다. 이러한 한계에 대하여 생득론자들은 인간은 태어날 때부터 언어를 습득할 수 있는 무언가를 가지고 태어난다고 주장하며 그 무언가는 언어를 습득하는 아이들이 단기간에 복잡한 언어규칙을 습득 할 수 있게 해주며 언어를 완벽하게 구사할 수 있는 능력이 있다고 생각하였다. 이 무언가를 그들은 언어 습득 장치 (language acquisition device LAD)라고 믿었으며 이 장치가 언어규칙을 활용하여 전에 들어보지도 그리고 사용해 보지도 못한 무한한 문장을 생성하고 이해할 수 있다고 주장한다.

언어학자 Chomsky (1986)에 의하면, 어린이들은 생물학적으로 언어 습득 면에서 프로그램화되어 있고 다른 생물학적 기능이 발달하는 것과 같은 방법으로 언어도 발달한다고 주장한다. 예를 들자면, 적절한 영양분과 합리적인 이동의 자유만 주어진다면, 모든 아동들은 걷는 것을 배우게 된다는 것이다. 따라서 Chomsky는 어린아이들이 언어를 습득할 수 있는 사실은 주변 환경에 영향을 받지 않는 이미 태어날 때부터 생물학적으로 언어를 배울 수 있는 습득 장치를 가지고 태어난다고 주장한다. 어린아이들은 단순히 주변 환경으로부터 들은 언어들을 단순히 모방함으로써 습득하는 백지장 (a tabula rasa)이 아니다. 대신에 Chomsky는 어린아이들이 그들 스스로 중요한 언어 체계 규칙을 발견할 수 있는 특별한 능력을 선천적으로 가지고 태어난다고 주장한다. 어린 아기들이 태어나자마자 곧바로 걷지 못하고 시간이 한참 흐른 후에 걸을 수 있듯이 어린아이의 모국어 또한 일정한 시간이 지난 후 언어 습득 장치가 언어입력을 받아 들여 언어적 규칙을 찾아낼 수 있는 충분한 시간이 흐른 후에 말을 할 수 있도록 생물학적으로 프로그램화된 것이라고 주장한다. 이 장치는 인간의 뇌에 존재하는 가상의 블랙박스라고 할 수 있다. 이 장치로 인해 아이들은 언어 규칙을 오류 없이 체계적으로 습득할 수 있는 것이다. 다시 말하자면, 환경적인 요소보다는 언어를 습득하는 아이들의 생득적요소가 언어를 습득하도록 한다는 것이다. 물론 환경적 요소는 습득의 속도 (얼마나 빨리 아이들이 습득하는가)에서의 차이와 관련되어 있을 수는 있으나 성인의 언어능력 (competence, 언어가 어떻게 작동하는지에 관한 지식)은 언어를 말하는 모든 화자들에게 상당부분 유사하다. 아무리 환경적인 요소가 언어습득 환경에 변화를 주어도 생득적으로 즉, 타고난 언어능력은 성장하면서 인간에게 내재된 성장 프로그램 시계에 맞춰서 언어의 내재화된 체계를 습득하는 것이다. McNeil (1966)에 의하면 언어 습득 장치는 4가지의 생득적 언어특성이 포함되어 있다.

1) 환경 속에서 언어음과 비 언어음을 구별할 수 있는 능력
2) 언어자료를 나중에 다듬어질 수 있는 여러 부류로 조직할 수 있는 능력
3) 어떤 유형의 언어체계가 문법적으로 가능한지 안한지를 구별할 수 있는 능력
4) 수용 가능한 언어입력 중에서 가장 간단하고 가능성 있는 체계를 구성해 내기 위해 계속적으로 발달하는 언어체계를 평가할 수 있는 능력

이 장치로 인하여 언어를 습득할 때 주변에서 들은 언어와 상관없이 언어습득과정을 거치게 되는 것이다. 언어 습득 장치는 어린 아이들이 특정언어 환경에 노출되어있다면 일정한 언어 교육 없이도 언어습득이 가능하다고 주장한다. 언어 습득 장치는 외부환경에서 주어지는 언어입력 중에서 언어의 규칙을 발견하고 이를 토대로 무한한 문장을 이해하며 생성할 수 있는 능력이 선천적으로 가지고 있기 때문에 언어의 종류나 수량, 언어의 학습 환경에 상관없이 언어 습득이 가능하다고 주장한다.

1.3. 구성주의 : Mom's the word (엄마의 말)

구성주의 견해는 언어는 아이들이 가진 독특한 특성과 아이들 주변의 환경간의 복잡한 상호작용을 통하여 습득되어진다고 주장한다. 즉, 구성주의자들은 환경이야 말로 언어를 학습하는데 가장 중요한 요소가 된다고 믿는 것이다. 언어 학습자의 능력에 맞게 맞추어진 언어는 언어 습득 과정에서 결정적인 요소가 될 수 있다고 강조한다. 어린아이가 언어를 배울 때 그 아이의 언어적 기호와 언어적 능력을 가장 잘 파악한 사람은 다름 아닌 아이의 엄마이기에 엄마가 아이의 맞추어진 언어 (child-directed speech, 아이를 대상으로 하는 언어이며 아이들이 좀 더 이해하기 쉽도록 조정된 담화)로 대화하고 상호작용하면서 언어를 습득한다고 할 수 있다. 구성주의를 설명하기 위해서는 두 명의 대표적인 학자들의 이론을 참조할 필요가 있다. 구성주의와 함께 연상되는 두 학자는 Jean Piaget와 Lev Vygotsky라고 할 수 있다. 이들의 구성주의에 관한 기초이론은 20세기 후반기에 들어서면서 확고한 학풍을 구축하게 되었다. 구성주의는 기본적으로 어떻게 학습자들이 학습하는지에 관한 것을 연구하는 학문이다. 학습자들은 그들 자신의 이해와 세상의 지식을 경험과 그 경험을 반사함으로써 만들어 간다. 학습자가 새로운 뭔가를 만나게 되면 우리는 그 새로운 것을 학습자가 이미 가진 생각과 경험을 조화하고 조정해야 한다. 즉, 그 새로운 것을 받아들이기 위해 학습자가 믿고 있는 것을 바꾸거나 아니면 부적합한 것으로 인식하여 새로운 정보를 거부하거는 하는 두 가지 중 하나를 선택해야 하는 것이다. 이러한 면에서 학습자는 그들

자신의 지식의 적극적인 창조자이다. 이렇게 하기 위해서 학습자는 반드시 질문을 해야 하고, 발굴해야 하며, 우리가 그들이 아는 것을 평가해야 하는 것이다. Piaget (1972)는 아이들이 성인들과 놀면서 상호작용하는 것을 관찰하면서 대상의 영속성 (사물이 시야에서 없어졌어도 그 사물은 여전히 그곳에 자리 잡고 있다는 사실)과 외형 변화와 상관없는 양의 불변성 (10페니를 한 줄로 길게 늘어놓은 것이 한 줄로 꼭 붙여 놓은 것보다 많지 않다는 사실을 인식하는 것), 논리적 추론 (막대의 각기 다른 특성으로 인해 어떤 막대는 물에 가라앉고 다른 것은 뜨는지를 알아내는 것)과 같은 것들에 대한 인지적 이해의 발달 과정을 추적 연구 및 발표하였다. 구성주의 관점에서 이해의 구성을 설명하기 위해서 Jacqueline Brooks (1993)는 다음과 같은 예를 든다. 욕조와 수영장에서만 물에 대한 경험을 가지고 있는 아이가 있다고 가정하자. 그 아이는 물은 자신의 움직임에만 반응을 보여 움직이는 고요하고 잔잔한 개념의 물을 경험하게 된다. 만약 이 아이가 해변을 처음으로 간다면 어디선가 밀려오는 흰 파도, 파도소리, 규칙적인 리듬에 맞춰 요동치는 새로운 바다의 모습을 경험하게 될 것이다. 그리고 물이 그 아이의 입속으로 들어왔을 때, 그 맛은 이전에 경험했던 물맛과는 전혀 다른 맛이라는 것을 깨닫게 될 것이다. 그것은 아이가 이전에 이해했던 것과 일치하지 않는다. 따라서 아이는 새로운 경험을 조정하기 위해서 물에 대한 또 다른 이해를 능동적으로 구성하거나 또는 새로운 정보를 무시하고 원래의 이해를 유지해야 하는 것이다. Piaget은 이러한 이해의 구성은 지식은 주체나 객체로부터 오는 것이 아니라 그 둘의 통합에서 오는 것이기 때문에 이런 현상이 발생한다고 설명한다. 이제 이 아이는 바닷물은 불쾌하며 짜다는 사실을 발견하게 되었고 십대가 되면 염분이라는 화학적 개념을 이해하게 될 것이다. 그리고 바닷물이 어떻게 전기를 일으키고 조류의 힘이 어떻게 사용 가능한 에너지의 원천으로 이용될 수 있는지를 조사할 수도 있다. 이러한 인지적 능력의 발달은 축적된 경험에 의존이 절대적인 요소라고 할 수 있다.

Vygotsky(1978)는 학습의 사회적인 면을 구성주의에 소개하였다. 그는 언어 습득과 학습은 순전히 사회적 상호작용을 통하여 발달한다고 주장하였다. 그는 보다 능력 있는 동료들과의 협조 또는 성인의 안내와 지도하에 실제 발달 수준 (그러나 아이들의 잠재적인 발달 수준 안에 있는)을 초월하여 문제를 해결하는 학생들에 의하여 근접 발달 및 학습영역 (zone of proximal development)라고 정의하였다. 그는 아이가 성인이나 다른 동료 아이들과 나눈 대화의 중요성을 관찰하고 이 대화에서 언어와 사고 둘 다에 대한 근원을 찾으려고 노력하였다. Vygotsky의 견해는 Piaget와는 많은 부분에서 차이가 있다. Piaget는 언어가 물질세계와의 상호작용을 통해 습득된 지식을 표현하기 위한 상징체계로서 발달한다고 주장하였고 Vygotsky는 사고는 본질적으로 내재화된 담화였고, 담화는 사회적 상호작용 속에서 나타난다고 주장하였다. 다시 말하자면, Piaget (1972)는 상대적으로 개별적 행위로서의 인지 발달의 중요성을 강조하였다. 그에 의하면 사회적 상호작용은 특정 인지 발달이 일어나야 하는 시기에 그 발달이 일어날 수 있도록 만들어 줄 뿐이라고 주장하였다. 그러나 Vygotsky (1978)는 사회적 상호 작용이야말로 인지 발달의 기초가 된다고 주장하면서 생물학적 선

결정 단계 등의 개념을 받아들이지 않았다.

1) 구성주의는 무엇인가?

구성주의자들은 사회적 연습, 협력단체, 또는 세계 사회의 한 구성원으로서의 개인에 중점을 둘 수 있다 (Spivey, 1997). 특수교육학 용어사전의 정의를 보면 구성주의란 "한 개인이 사물에서 얻는 지식은 그가 이미 알고 있는 이전의 지식에 의존하고 외부에서 가산적 과정을 통해 하나씩 더해지는 것이 아니라 내부에 있는 구조적 과정을 통해 새롭게 창조해 나간다는 이론이다. 인지 이론에 기초하여 학습자의 지식을 내부로부터 표상하는 과정을 강조한다. 즉 학습자가 지식을 내부로부터 우선적으로 표상 (representation)하고 자신의 경험적 해석을 통하여 지식에 대한 이해를 구성해 가는 과정에 초점을 둔다. 이는 다시 학습자의 경험을 통하여 재구성되고 실제 생활과 관련된 맥락으로 직접 연결되어진다. 다시 말하면, 지식은 경험으로부터 구성되며, 학습은 구성적 과정을 통하여 내적 표상 (internal representation)을 만들어 간다는 것이다" (국립특수교육원, 2009). 구성주의의 주요 논리는 지식이라고 하는 것은 학습자에 의해서 안에서부터 능동적으로 만들어지는 것이다. "사실 (fact)"은 학습자의 공동체에 의해 합의되어지는 것이 지식이기 때문에 사실이다. 따라서 학습자는 과거의 경험에 근거한 선험지식과 새로운 지식을 서로 연결시켜야 한다. 새로운 지식은 반드시 선험지식 (prior knowledge)과의 통합을 통하여 학습되어지는 것이다.

2) 구성주의 이론과 전통적인 교수 및 학습법과의 차이점

구성주의 교실에서의 초점은 선생에서부터 학생으로 옮겨간다. 교실은 더 이상 전문가였던 교사가 수동적인 학생들에게 지식을 빈 주전자에 물을 붓듯이 일방적으로 주입하지 않는다. 구성주의 교실에서는 학생들은 그들 자신의 학습과정에 적극적으로 참여하도록 권고 받는다. 교사들의 역할은 학생들이 그들의 이해와 학습을 발전시키고 향상시킬 수 있도록 도와주고, 지도해주고, 중재역할을 해주는 촉진자로서의 역할을 한다. 따라서 교사의 가장 큰 업무 중 하나는 다름 아닌 "ASKING GOOD QUESTIONS (좋은 질문을 하는 것)"이다. 구성주의 교실에서는 교사 및 학생 모두가 단순히 암기해야 할 사실들과 지식을 이해하는 것이 아니라 활동적이며 계속 변화하는 것들을 진정한 지식으로 생각하는 것이다.

<표 1. 구성주의 교실과 전통적인 교실의 차이점>3)

전통적인 교실	구성주의적인 교실
교육 과정은 기본적인 기능을 강조면서 부분에서 전체로 제시된다.	교육과정은 커다란 개념을 강조하면서 전체에서 부분으로 제시된다.
고정된 교육 과정에 엄격하게 의거하는 것이 높이 평가된다.	학생들의 질문에 대한 추구가 높이 평가된다.
교육 과정 활동은 교과서와 연습장에 주로 의존한다.	교육 과정 활동은 데이터의 원천과 조작 가능한 자료에 주로 의존한다.

---

3) 재클린 브룩스, 마틴 브룩스 (추병완, 최근순 옮김) 구성주의 교수 학습론

학생들은 교사에 의해서 정보가 새겨지는 "백지 상태"로 여겨진다.	학생들은 세계에 대한 이론을 만들어 내는 사상가로 여겨진다.
교사는 일반적으로 학생들에게 정보를 퍼뜨리는 설교적인 방식으로 행동한다.	교사는 일반적으로 학생들을 위한 환경을 매개시켜 주는 상호 작용적인 방식으로 행동한다.
교사는 학생들의 학습을 확인하기 위해서 정확한 답을 추구한다.	교사들은 후속 학습에서 사용될 수 있는 학생들의 현재 개념들을 이해하기 위하여 학생들의 관점을 추구한다.
학생들의 학습에 대한 평가는 교수와 분리된 것으로 여겨지고 대개 시험을 통해서 이루어진다.	학생들의 학습에 대한 평가는 교수활동과 얽혀 있으며 학생들의 활동에 대한 교사의 관찰과 학생들의 전시 및 포트폴리오를 통해서 이루어진다.
학생들은 주로 개별적으로 활동한다.	학생들은 주로 집단을 이루어 활동한다.

다음의 <표 2>는 위에서 언급한 언어 학습이론의 세 가지 관점을 요약하여 정리하였다.

<표 2. 영어 학습의 시대적 변천과 학문적 영향>

철학학파	언어학파	학습의 목표	학습결과	주제
행동주의 (Behaviorism)	구조주의 (Structuralist) *Say what I say*	Form (언어의 형식)	Responding (학습한 것을 반응)	기술 관찰 가능한 언어수행 과학적 방법 경험주의 표층 구조 조건화, 강화

인지이론학 (Cognitive Theory)	생성 언어학 (Generativist) *It's all in your mind*	Form > Meaning (의미의 중요성도 부각 되지만 여전히 언어의 형식중요)	Knowing (학습한 것을 이해)	생성 언어학 습득, 생득성 중간 언어 체계성 보편 문법 언어 능력 심층 구조
구성주의 (Constructivism)	기능주의 (Functionalist) *Mom's word*	Meaning > Form (언어의 의미)	Interacting (학습은 상호작용을 통해 얻음)	상호 작용 담화 사회 문화적 변인들 협동적 단체 학습 중간 언어 변이 상호작용주의 가설

2. 영어 학습과 선천적 요소들

2.1. 영어 학습과 선천적 요소들과의 관계는 무엇일까?

어린아이들이 언어를 배울 때 아무런 노력 없이 쉽게 언어를 배운다고 생각하는 것은 잘못된 통념이다. 절대로 어린아이들은 언어 습득을 마치 지나가다가 동전을 줍는 것처럼 비유해서는 안 된다. 어린아이들이 언어를 배우기 위해서는 반드시 적극적으로 뒤에서 밀어주고 언어를 배우기에 충분한 환경 조성이 무엇보다도 필요하다 (McLaughlin, 1992). 이러한 잘못된 통념은 외국어도 일찍 어려서 배워야 하고 아무런 노력 없이 영어를 사용하는 공간에 어린아이들을 데려다 놓으면 자동적으로 언어를 배울 수 있다는 고정관념을 유발할 수 있다. 우선, 영어학습자들은 5가지의 영어 학습에 대한 고정관념4)을 버려야 할 것이다.

첫째, 영어 학습자들은 언어를 빠르고 쉽게 배울 수 있다.
  ☞ 사실은, 어린 아이들의 경우에도 장기간의 힘든 과정이 필요하다. 교사와 부모들은 절대 학생들이 영어를 배울 때 아무 노력 없이 기적적인 결과가 있을 거라는 것을 기대해서는 안 된다. 영어를 배우기 위해서는 어린 영어 학습자의 경우에도 여러 가지 단계를 거쳐서 힘들고 어렵게 노력을 통하여 배운

---

4) McLaughlin, Barry (1992). "Myths and Misconceptions About Second Language Learning: What Every Teacher Needs to Unlearn" from Educational Practice Report: 5. National Center for Research on Cultural Diversity and Second Language Learning.

다.

둘째, 영어 학습자는 주변의 모든 사람들이 영어를 사용하는 환경
　　에 몰입된다면 영어를 자동적으로 배울 수 있다.

☞ 사실은, 영어 학습자들이 이해 가능한 언어에 노출되었을 때
　　그들은 언어를 잘 습득하게 되므로 영어 학습자는 이해 가능
　　한 적절한 수준의 학습 자료를 가지고 공부를 하는 전략이
　　필요하다.

셋째, 모든 학생들은 똑같은 방법으로 영어를 학습한다.

☞ 사실은, 영어 학습자들이 서로 다른 문화적 배경을 가지고 있
　　으므로 서로 다른 방법으로 영어를 배운다. 그래서 영어 학습
　　자들은 학습의 다양성을 이해해야 하며 서로 다른 문화적 배
　　경을 이해 및 설명하는 것이 필요하다.

넷째, 영어 학습자들은 일단 그들이 영어로 말을 할 수 있다면 영
　　어를 습득했다고 할 수 있다.

☞ 사실은, 말을 한다고 해서 외국어를 다 습득했다고 보기 어렵
　　다. 왜냐하면, 학생들은 가족과 친구 등의 제한된 사람들과의
　　대화로 인해서 제한된 단어를 사용할 수 있다. 그래서 학생들
　　이 더 많은 다양한 사람들과 교류한다면 좀 더 넓고, 다양한
　　언어 표현을 구사할 수 있을 것이다. 그리고 영어는 4 기능이
　　있는데, 그 중 말하기는 일부분이기에 말을 할 수 있다고 해
　　서 나머지 3가지 기능도 다 습득했다고 보기는 어렵다.

다섯째, 영어 학습자들은 말하기 전에 문법과 단어를 먼저 배울 필요
　　가 있다.

☞ 사실은, 언어 습득 시 문법적인 지식을 먼저 배우는 것은 언

어 실력에 크게 도움을 주지는 않는다. 영어 학습자들은 의미 있는 활동을 통할 때 영어를 더 쉽게 배운다. 그리고 학생의 오류의 규칙적인 문법적 교정은 능력향상에 방해가 될 수 있으므로 주의해야 한다.

위에서 언급된 외국어 습득의 고정관념은 크게는 두 가지 요소에 근거하여 형성되었다. 하버드 대학의 Snow(1977) 교수에 의하면 나이 (age)와 두뇌의 차이 (brain)가 외국어 습득에서 잘못된 통념 (myths)들을 만들었다고 주장한다. 나이에 있어서는 일반적으로 아이들이 어른보다 외국어 학습능력이 뛰어나며 빠르다는 것이고 두뇌의 차이에서는 아이들의 뇌는 어른들의 뇌보다 언어를 스펀지처럼 더욱 흡수를 잘한다는 것이다. 그러나 Snow 교수에 의하면 실제적으로 아이들의 외국어 학습능력 속도는 어른들보다 느리고, 잘 잊어버린다는 것이다. 왜냐면 아이들은 의사소통에 필요한 것들만 골라 말하기 때문에 잘하는 것처럼 보일 뿐이고 제한된 언어만을 배운다. 그리고 생물학적 두뇌의 차이는 거의 없다. 어른들 중 외국어 능통자의 뇌는 제2 외국어와 모국어가 같은 부분에서 활동하기 때문이다. 이러한 선천적인 요소들로 인하여 외국어 학습과 습득이 어렵다기 보다는 외국어 접근의 어려움, 편견, 배우려는 동기 (특히, 시험을 치르기 위한 외국어 학습)와 열정 부족, 그리고 학습자가 속한 교육적 환경과 질의 저하, 또는 교사의 능력의 부족 등을 원인들도 지적한다.

2.2. 영어 학습과 좌뇌/우뇌의 역할

1) 좌/우뇌 성향

우리의 영어교육 현장에서는 좌뇌의 특성에 부합하는 영어학습법을 선호하고 지나치게 좌뇌형 영어학습법을 강조하는 것이 현실이다. 좌뇌 영어학습법에 치우치게 되는 현상은 외국어로써의 영어를 단순히 암기, 모방, 그리고 반복과 훈련 및 연습을 통해서 영어학습의 궁극적 목표인 정확성 (accuracy)에 도달하려는 것이다.

그러나 이러한 정확성을 목표로 하는 언어가 중심 되는 (linguistic-oriented) 영어 학습은 언어의 기본적인 목적인 의미 전달 (delivery of meaning)과 의사소통과 이해의 유창성 (communicative and comprehensive fluency)을 간과할 수 있는 것이다. 그럼에도 불구하고, 많은 신경학자들의 연구 결과를 바탕으로 제 2외국어 습득론자들은 좌뇌 또는 우뇌 어느 쪽이 외국어를 습득하는데 보다 더 효과적인가를 분석 연구한다. 일반적인 사실은 어린이의 뇌가 성장해감에 따라 다양한 기능이 좌뇌 또는 우뇌로 편중화 (lateralization) 된다는 사실이다. 각각의 뇌반구의 특징들, 즉, 좌뇌는 논리적, 분석적, 수학적, 선형적 사고를 선호하고 우뇌는 시각적, 촉각적, 청각적 처리를 선호한다고 한다. Krashen (1997)는 좌뇌를 의존하는 영어학습자는 연역적인 (deductive) 학습을 선호하고 우뇌 우성인 학습자는 귀납적인 (inductive) 교실 환경에서 좀 더 성공적이라는 가설을 입증하는 근거를 밝혀냈다. 또한 Stevick (1982)은 좌뇌가 발달된 학습자는 단어 분석 및 언어의 특정한 부분을 수집 및 일

련의 과정을 수행하며, 추상화, 분류화, 명명화, 재구조화에 긍정적
이라고 주장하였고, 우뇌가 발달된 외국어 학습자는 보다 더 큰 이
미지, 형상, 일반화, 은유, 감정적 및 예술적 표현에 긍정적이라는
사실을 밝혀냈다.

그러나, 이러한 각각의 뇌반구가 서로 각 부분의 특성대로, 즉,
관련 없이 움직이기 보다는 많은 각각의 차이에도 불구하고 하나
의 "팀"으로 작용한다는 사실이 중요하다. 대부분의 문제 해결은
양쪽 뇌의 능력을 모두 다 필요로 하는데, 과거의 외국어 교수법
및 학습법은 지나치게 좌뇌적 기능에 의존함으로써 교실 언어 학
습에서 중요한 역할을 담당하는 우뇌의 기능과 활동을 제도적으로
막았다는 사실이 밝혀진다.

2) 좌뇌 및 우뇌 성향 측정

다음은 영어 학습자의 좌뇌/우뇌 성향을 측정하는 검사이다. 우
수한 영어 학습자가 되기 위해서 학습자 자신의 뇌성향을 알고 있
다면 자신에 맞은 영어 학습법을 찾아 활용 할 수 있다. 아래의 검
사에는 항목마다 상반되는 내용이 기술되어 있다. 내용이 서로 다
른 두 문장 잘 읽고 본인과 관련 있는 박스에 X표를 하면 된다. 1
과 5는 매우 그러하다, 2와 4는 다소 그러하다, 3은 보통이다를 의
미한다.

<표 3. 좌/우뇌 사용검사>[5]

좌우 내용을 잘 읽고 본인의 성향에 표시하시오 1과 5는 매우 그러하다, 2와 4는 다소 그러하다, 3은 보통이다를 의미		1	2	3	4	5	
1	이름을 기억하기 편하다.						얼굴을 기억하기 편하다.
2	말로 하는 강의식 수업이 낫다.						그림, 삽화, 상징 등 여러 가지 자료를 활용하는 수업이 낫다.
3	직관적이다.						합리적으로 생각한다.
4	별다른 계획을 세우지 않고 실험한다.						체계적인 계획으로 통제를 가하며 실험을 한다.
5	문제를 부분으로 나누어 해결하고 순서에 맞게 논리적으로 접근한다.						전체를 보고 문제를 해결하며 육감이나 패턴을 이용하여 문제에 접근한다.
6	객관적으로 판단하며 인정에 이끌리지 않는다.						주관적으로 판단하며 인정에 이끌린다.
7	행동이 유동적이고 자발적이다.						행동이 계획적이고 구조화되어 있다.
8	체계가 확립된 정보를 선호한다.						체계가 확립되지 않은 불확실한 정보를 선호한다.
9	책을 읽을 때 종합 기능을 중요시한다.						책을 읽을 때 분석 기능을 중요시한다.
10	주로 언어를 이용하여 생각하고 기억한다.						주로 이미지 연상을 이용하여 생각하고 기억한다.
11	말이나 글쓰기를 더 좋아한다.						그리기와 조작활동을 더 좋아한다.
12	시끄럽고 복잡한 장소에서 책을 읽을 때 산만해진다.						시끄럽고 복잡한 장소에서도 쉽게 독서에 집중할 수 있다.
13	다양한 방식을 이용하여 주관적으로 해결하는 과업이 학습을 더 좋아한다.						해결과정이 구조화된 과업이나 학습을 더 좋아한다.
14	계층적 권위구조가 더 좋다.						참여적 권위구조가 더 좋다.
15	감정을 억제한다.						감정을 자유롭게 발산한다.
16	동적 자극에 가장 잘 반응						시청각 자극에 가장 잘 반응

	한다.			한다.
17	몸짓만 봐도 무슨 뜻인지 이해한다.			뜻이 분명한 말을 해주는 것이 더 좋다.
18	비유적 표현을 자주 사용한다.			비유적 표현을 거의 사용하지 않는다.
19	문제를 논리적으로 해결하길 좋아한다.			문제를 직관적으로 해결하길 좋아한다.
20	선다형 문제를 더 좋아한다.			개방형 문제를 더 좋아한다.

<점수 계산하는 방법>

다음 지시를 따라 점수를 계산하시오: 어떤 문항들은 주어진 박스의 번호와 동일한 점수가 주어지고 나머지는 박스번호에 역순으로 점수가 주어집니다.

1 2 5 6 8 10 11 14 15 19 20   (1)(2)(3)(4)(5)

남은 항목은 점수의 역순으로 점수가 주어집니다. 다음 지시를 따라 점수를 계산하시오.
3 4 7 9 12 13 16 17 18   (5)(4)(3)(2)(1)

각 항목의 점수를 합 하면: _____

본 테스트는 좌/우뇌 사용 선호도를 검사합니다. 중간치는 60점입니다. 아래 점수 차트를 부면 60점을 중간치로 유형을 결정하고 있으며 ±3점의 범위를 가집니다.

70점 이상	우뇌 의존도가 매우 높음
64-70점	우뇌 의존도가 조금 높음
57-63점	좌/우뇌 사용이 균형을 이룸
50-56점	좌뇌 의존도가 조금 높음
50점 이하	좌뇌 의존도가 매우 높음

---

5) E. Paul Torrance, Your Style of Learning and Thinking, 1987, Bensonville, IL: Scholastic Testing Service

2.3. 영어 학습과 나이

1) 영어 학습과 나이에 관한 고정관념

Brown (2001)은 그의 저서 "Principles of Language Learning and Teaching"에서 제1 언어 (L1)와 제2 언어 (L2) 습득 간의 비교는 적어도 어린이와 성인 간의 차이를 먼저 고려함으로써 비교에 접근해야 한다고 언급한다. 아래의 그림을 보면 제2 외국어 습득론에서 잘못된 통념은 C1과 A2와 비교에서 생겨난다고 할 수 있다. 즉, 어린이의 제1 언어 습득과 성인의 제2 언어 습득을 비교하는 것은 비논리적이다 (Schachter 1988; Scovel 1990).

<그림 2. 성인과 어린이의 L1와 L2 습득>

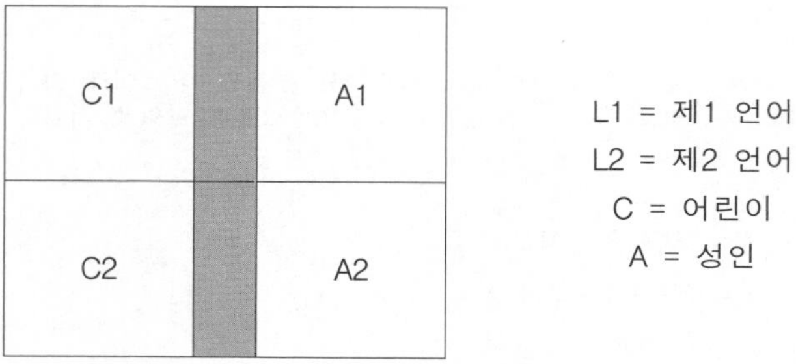

C1		A1
C2		A2

L1 = 제1 언어
L2 = 제2 언어
C = 어린이
A = 성인

보다 논리적인 비교는 어린이의 제1 언어와 제2 언어 학습을 비교하거나, 어린이와 성인의 제2 언어 학습을 비교하는 것이 훨씬 더 논리적이다. A1 칸은 분명히 비정상적인 상황이다. 왜냐면 성인이 모국어 (L1)를 배우는 경우는 성인이 무인도나 밀림과 같은 곳에서 살다가 모국어를 사용하는 환경으로 와서 모국어를 늦게 배우는 경우이기에 A1 범주는 무시 할 수 있다. 대부분의 외국어 교육의 연구모형은 C1-A2 비교이다. 즉, 어린이가 모국어를 배우는 것과 성인이 외국어를 배우는 것을 비교한 가장 전통적인 비교유형이었다. 그러나 이러한 비교는 어린이와 성인 간의 엄청난 인지적, 정의적, 신체적인 차이 때문에 매우 주의 깊게 이루어져야 한다. 그럼에도 불구하고 C1-A2 비교는 다음과 같은 7가지의 고정관념을 외국어 학습과 습득분야에서 고착화시켰다. 우선, 영어 학습에서 나이에 관한 고정관념을 벗어버리기 위해서는 제1 언어와 제2 언어습득 간의 관계를 이해할 필요가 있다. H. H. Stern (1970)은 다음과 같이 영어 학습에 관해 7가지 고정관념을 정리하였다.

① 언어 교육시 우리는 연습하고 또 연습해야 한다. 어린이가 모국어를 배우는 것을 지켜보라. 그 아이는 같은 말을 몇 번이고 반복한다. 언어 학습 단계에서 어린이는 항상 연습을 한다. 이것이 바로 우리가 외국어를 배울 때 해야 할 일이다.

② 언어 학습은 주로 모방의 문제이다. 여러분은 모방자가 되어야 한다. 마치 어린이처럼. 어린이는 모든 것을 모방한다.

③ 먼저 개별음을 연습하고, 다음에 낱말, 그 다음에 문장 순으로 연습한다. 이것이 자연스러운 순서이며 따라서 외국어 학습에 있어서도 마찬가지이다.

④ 어린이의 언어 발달을 지켜보라. 어린이는 듣기를 먼저 한 다음 말을 한다. 이해가 항상 말하기보다 앞선다. 따라서 이것이 외국어 기능을 제시하는 올바른 순서임에 틀림없다.

⑤ 어린이는 듣고 말하며, 아무도 그 아이가 읽거나 쓰도록 할 생각을 하지 않는다. 읽기와 쓰기는 언어 발달의 상위 단계이다. 따라서 제1 언어와 제2 언어 학습의 자연적인 순서는 듣기, 말하기, 읽기, 쓰기이다.

⑥ 어렸을 때에는 번역할 필요가 없었다. 번역을 하지 않고 모국어를 배울 수 있었다면 외국어도 같은 방법으로 배울 수 있을 것이다.

⑦ 어린이는 단순히 언어를 사용할 뿐이다. 문법을 배우지 않는다. 어린이에게 동사와 명사에 대한 언급을 하지 않는다. 어린이에게 동사와 명사에 대한 언급을 하지 않는다. 그래도 어린이는 언어를 완벽하게 배운다. 이와 마찬가지로 외국어를 가르칠 때 문법을 개념적으로 설명하는 것은 불필요 한 것이다.

위에서 언급된 일곱 가지 언어습득에 관한 고정관념은 제 1언어 습득 과정이 기계적 반복 연습, 습관 형성, 구체화, 과잉 학습, 강화, 조건화, 연합, 자극과 반응 등으로 이루어져 있다고 보는 행동주의 언어 이론에 근거한다. 이러한 제 1언의 습득이론이 아무런 비판 없이 제 2언어 습득이론에 적용이 되면서 만들어진 파생물이며 결국엔 고정관념으로 고착화 했다고 할 수 있다. 그러나 Brown (2001)에 의하면 제1 언어 습득에 관한 인지주의와 구성주의 연구의 영향력이 커짐에 따라 제2 언어 연구가들과 외국어 교사들은 제1 언어와 제2 언어 습득 간의 직접적이고 전반적인 유추가 잘못된 것임을 인식하기 시작하였다. 이러한 잘못 인식된 개념을 처음으로 지적한 David Ausubel (1964)은 행동주의에 기반을 두고 발달된 청화식 교수법 (Audiolingual Method)은 제1 언어 학습의 개

넘에서 파생된 것이고 제2 언어 습득과의 관계를 보다 심층적으로 연구할 필요가 있다고 주장한다.

그 내용은 다음과 같다.

① 단순한 청화식 반복 학습은 제1 언어와 제2 언어를 성공적으로 습득하는데 필요한 유의미함이 결여되어 있다.

② 외국어를 배우는 성인들은 충분한 인지 능력이 있기 때문에 연역적으로 문법을 제시해 주면 도움이 된다.

③ 학습자의 모국어는 단지 방해 요소가 아니라 제2 언어 학습을 도모할 수도 있다.

④ 그 언어의 문자도 도움을 줄 수 있다.

⑤ 학생들은 목표어를 정상 속도 (원어민 수준의 속도, 즉 외국어 학습자에게는 상당히 빠른 속도)를 듣게 되면 당황하게 되며, 어린이들과 마찬가지로 교사가 좀 더 의도적으로 사용하는 언어 (학습자의 이해를 돕기 위한 다소간 느린 속도와 어색한 억양 등이 포함됨)에 의해 도움을 받는다.

이러한 주장은 인지주의적 관점에 토대로 두어 행동주의적 언어 습득론에 반대가 되는 것이다.

2) 어린이와 성인간의 언어 학습 비교

어린이와 성인간의 언어 습득에 학문적 기반을 제공하는 가설은 Lenneberg (1967)가 발표한 결정적 시기 가설 (The Critical Period Hypothesis, CPH)이다. 이 가설은 모국어 습득에는 생물학적으로 결정적인 시기가 있어 그 시기이내에는 습득이 쉬우나 그 시기가 지나면 습득이 점점 어려워진다고 주장한다. 이 가설에 의하면 모국어 습득에 실패한 어린이들 (주로 뇌손상을 당한 어린이들)에 대한 임상 연구에서 시작하였으며 최근에는 여러 외국어 교육학자들이 CPH가 모국어 습득뿐 아니라 외국어 습득에서 적용된다고 주장한다 (Scovel 1988, Long 1990, Johnson 1992). 전형적인 주장은 사춘기가 지난 후에 외국어 습득을 시작하면 목표 외국어 사용자의 원어민과 같은 발음을 구사하기가 어려워진다고 주장한다. 그러나 Brown (2001)은 외국어 습득에 있어서 CPH가 적용되는지를 알아보기 위해서 5가지 관점에서 면밀한 검토를 하였다. 그 관점들은 다음과 같다.

① 반구편중현상 (Lateralization)의 고찰

인간의 뇌는 좌반구(left-hemisphere)와 우반구(right-hemisphere)의 두 부분으로 구성되어 있는데, 좌반구는 지능(intellectual), 논리(logical), 분석(analytical)의 기능을 주로 담당하고, 우반구는 정서적인(emotional)한 면과 사회적(social) 욕구들을 통제하는 기능을 하는 것으로 알려지고 있다. 언어 기능은 좌반구에서 이루어지는 것으로 일반적으로 인식되고 있다. 그 증거로서 뇌의 우반구에 손상을 입은 사람들에 비해 좌반구에 손상을 입은 사람들이 언어 장애를 일으키는 경우가 훨씬 많게 나타나고 있다.

Penfield(1959)는 두뇌의 손상을 가진 언어 장애 어린이와 어른들의 언어사용에 관한 연구 결과, 사춘기 이전의 어린이는 어른들보다 언어능력이 더 잘 회복된다는 사실을 발견하였다. 다시 말하자면 언어장애를 가진 어린이와 어른 중 어린이의 회복이 더 빠르며, 뇌의 한쪽 반구의 기능을 손상 입은 어린이는 언어를 다시 습득할 수 있지만, 같은 경우 어른은 다시 언어를 습득하기는 상당히 어렵다는 점을 발견하였다.

Lenneberg(1967)는 반구편중현상이 생후 2살 때부터 진행되기 시작하여 사춘기를 전후해서 완성이 된다고 주장한다. 그에 의하면 이 기간 내에는 어린이의 좌반구에 손상이 오더라도 우반구가 언어기능을 떠맡아 손실된 언어기능을 다시 회복할 수 있다고 한다. 사춘기 이전에는 뇌의 좌반구에 언어 기능의 장애가 있더라도 우반구에서 언어 기능을 전수받아 그 기능을 대신 할 수 있다고 주장한다. 또한 뇌의 두 개의 반구에 관하여서는 사람은 태어날 때에는 좌반구와 우반구간에 기능의 분화가 없으나 성장하면서 서서히 각각의 반구가 특정의 기능을 주로 담당하게 된다. 이를 반구편중현상 (lateralization)이라 부른다. 여기에는 정동빈(1990)에 따르면, 두 가지 가설이 존재한다. 첫째, 태어날 때부터 좌반구와 우반구의 신경 생리 조직이 다르다는 가설과 둘째, 태어날 때에는 같은 신경 생리 조직을 가지고 태어나나, 출생 후 외부 자극에 의해 두뇌 활동이 다르게 반응하다 보면 좌우 반구가 서로 다르게 기능을 수행하게 되고, 뇌의 측면화 작용이 고착화 될 수 있다는 가설이다.

Thomas Scovel (1969)은 Lenneberg의 연구결과를 바탕으로 반구편중현상이 외국어 습득에도 영향을 미칠 것이라고 주장하였다. 그는 사춘기 이전에는 뇌의 유연성(plasticity)이 유지되어 모국어뿐 아니라 외국어 습득도 어려움 없이 하게 되지만, 반구편중현상이 완성되면 외국어의 원어민 발음(authentic pronunciation)을 습득하기가 아주 어려워진다고 주장한다. 다시 말하자면, 반구편중현상 현상과 제2언어 습득의 관계에 있어서 사춘기 이전의 뇌의 유연성 이 바로 어린이의 제1언어와 제2언어 습득에 지대한 영향을 미친 다고 주장한다. 즉, 제2언어의 유창한 구사 능력을 어렵게 만드는 것도 이러한 반구편중현상의 영향이라고 주장한다. 따라서 이 시기 를 놓치면 언어 습득이 불가능하지는 않지만, 시간이 많이 걸릴 뿐 만 아니라 매우 비능률적이라고 주장한다.

Scovel의 이러한 주장을 확대하여 다수의 외국어 교육학자들이 CPH가 모국어 습득뿐 아니라 외국어 습득에도 적용된다고 주장한 다. 그러나 발음과 같은 하위 수준(low-order)의 습득만 가지고 CPH의 적용 가능성을 논하는 것은 무리가 있으며 언어사용의 의 사소통적 유창성 (communicative fluency)같은 상위 수준 (high-order) 의 습득 상황에서도 CPH가 적용되는지를 파악하는 것이 중요하다. 성인의 경우 어린이보다 의사소통적 유창성과 인생의 연륜과 경험을 바탕으로 외국어와 외국어 문화를 이해 (comprehension)하고 수용하려 는 자세가 높다고 할 수 있다. 일반적으로 어린 시절에 외국어 발 음을 습득하면 상대적으로 유리하다는 견해가 지배적이지만, 발음 이 외국어능력을 결정짓는 유일한 기준이라고 이야기할 수는 없다. 또한 성인 외국어 학습자들이 어린이보다 기억능력이 우세하고 외 국어를 학습하고자 하는 동기가 강하기 때문에 Hill(1970)은 성인 학습자들이 어린이보다 더 효과적이며 완벽하게 외국어를 습득할 수 있으며 발음에 경우에 있어서도 사춘기 이후라도 원어민과 같 은 완벽한 발음을 습득할 수 있는 많은 사례를 증거로 제시하였다. 따라서 Hill (1970)은 언어습득을 위한 특정적이며 결정적인 시기 있다는 가설을 정면으로 반박한다.

② 심리동작적 고찰 (Psychomotor consideration)

외국어 습득 중 발음 및 강세의 습득에는 발성기관을 통제하는 근육들(speech muscles)의 상호 조정 역할이 필수적이다. 학자들의 연구에 의하면 생후 5년 정도가 지나면 모국어 음운에 대한 통제 능력이 거의 완성된다고 한다. 5세 이후, 사춘기 이전에 외국어를 습득하면 외국어 음운체계에 대한 통제가 가능하며 또한 이때에는 아직 뇌의 유연성을 지닐 수 있어 (반구편중현상이 완료되지 않았기 때문에) 원어민과 같은 완벽한 발음을 습득할 수 있다고 주장한다. 또한 이러한 것들을 바탕으로 사춘기가 지난 학습자들은 외국어의 발음을 제대로 습득할 수 없다고 CPH를 주장한다. 그러나 발음의 습득과 반구편중현상 간에는 인과 관계가 있다는 것이 증명되지 않았다. 즉, 발음의 습득은 발성기관을 움직이는 근육들의 유연성과 관계가 있는 것이지 뇌의 유연성과는 별 관련이 없는 문제이다. 따라서 단순히 발음의 측면만 가지고 외국어 습득에 CPH가 있다고 주장하는 것은 논리의 비약이다. 또한 발음 습득이 언어습득의 전부는 아니고 가장 중요한 부분도 아니기 때문에 발음에 관한 습득만 가지고 CPH가 외국어 습득에도 적용한다고 주장하는 것을 무리이다. 예를 들어 발음이 원어민과 같지 않더라도 원어민과 의사소통 하는데 전혀 불편함을 느끼지 못하는 사람들을 얼마든지 발견할 수 있다. 물론, 기능적 사회언어학적인면의 지나친 초점으로 심리동작적 기술 (발음)의 중요성을 무시하면 안 된다. 억양 및 발음으로도 아주 많은 화용적 정보 (pragmatic information) 전달할 수 있다. 그리고 어린이들이 뇌신경학적 및 생리학적으로

많은 유연성과 적응 능력이 성인이 비해 우세하다는 사실은 부인
할 수 없으며 상당부분 많은 경우에서 조기 영어 교육을 통해 영
어교육의 높은 효과를 얻는 것이 사실이다.

③ 인지적 고찰 (Cognitive considerations)

인간의 인지발달과 언어습득과는 어떠한 관계가 있는가? Jean
Piaget (1952)는 아동의 인지발달 과정을 다음과 같이 3단계로 분류
한다.

1단계 - 감각동작기(sensorimotor stage) : 0-2 세
2단계 - 전조작기(preoperational stage) : 2-7 세
3단계 - 조작기 (operational stage) : 7-16 세
· 구체적 조작기 (concrete operation stage) : 7세부터 11세까지
· 형식적 조작기 (formal operational stage) : 11세부터 16세까지

Piaget는 조작기를 다시 구체적 조작기(concrete operational
stage) 와 형식적 조작기(formal operational stage) 로 구분하고 그
기준 시점을 사춘기인 약 11세로 잡고 있다. 이와 같은 인간의 인
지발달 단계론에 의하면 구체적 조작기에서 형식적 조작기로 이행
하는 사춘기가 언어습득에 많은 영향을 미칠 수 있다. 즉, 추상적
조작기에 접어들면 추상화, 형식적 사고 능력이 생기면서 그 이전
의 언어습득과는 상이한 면을 보이게 된다. 따라서 사춘기 이전을
언어습득의 최적기로 간주하였다.

또한, Piaget은 인지 평형화(equilibration) 개념을 원용해서 아동
과 성인의 외국어 습득의 차이를 설명하였다. Piaget에 의하면 인

간의 개념 발달은 비평형 또는 불균형(disequilibrium) 상태에서 평형 또는 균형(equilibrium)상태로 옮겨가는 과정이다. 인지적 불균형의 단계는 의심과 불확실성(uncertainty)의 단계로 인지 (cognition)는 이러한 불균형을 해결하여 해결과 확신의 상태인 균형의 단계로 이동한다. 이때 의심과 불확실성은 비평형(불균형)-평형(균형)의 수없이 많은 순환 과정을 통하여 원동력인 학습 동기를 향상시킨다고 주장한다. 이러한 불균형 및 비평형의 상태는 추상적 조작기가 완성되는 14, 15세까지 계속된다. 이러한 불균형 및 비평형의 개념이 언어습득에 대한 핵심적인 동기를 제공해 줄 수 있다. 즉, 불균형 및 비평형의 시기에 언어를 습득하면 그것이 인지적 평형을 이루게 하는데 도움을 줄 수 있으므로 언어 습득이 쉽게 이루어 질 수 있으나, 인지적 평형화 및 균형이 완성되는 14, 15세 이후에 언어습득을 시작하게 되면 언어의 애매모호성(ambiguities)들을 더 이상 용납하지 않으려 하기 때문에 언어습득이 매우 어려워지게 된다는 것이다.

한편, Ellen Rosansky (1975)는 아동들이 외국어 학습의 초기단계에 성인들에 비해 우수한 면을 보이는 원인을 아동들의 중심성(centered)을 가지고 설명한다. 즉, 이 시기에 어린이는 자아 중심적 (egocentric)일 뿐만 아니라 문제에 부딪쳤을 때 한 번에 한 곳에만 그것도 아주 짧은 시간 동안에만 집중할 수 있다. 이러한 유연성의 결여와 분산력의 결여가 언어 습득에 필수적이고 주장한다. 왜냐면 성인의 경우 성인 자신이 무엇을 하고 있는지에 대하여 지나치게 의식하는 영어학습자는 외국어를 배우는데 어려움을 겪는다고 주장한다(이홍수, 1991). 이러한 주장은 습득(acquisition)과 학습(learning)을 구별한 Krashen(1985)의 성인 인지능력이 때로는 외국어를 학습하는데 장애 요인이 된다는 것과 일치한다. Krashen 에 의하면, 습득은 어린이가 자신의 모국어를 습득할 때와 마찬가 지로 무의식적으로 자연스럽게 언어의 규칙을 배워가는 과정 중에 서 외국어를 배우는 것이다. 그러나 학습은 외국어의 규칙, 즉, 문 법을 의식적으로 배우는 것이기에 습득을 통한 언어 지식만이 완 벽하고 유창한 언어 사용의 기반이 된다고 주장한다. 의식적으로 학습된 지식(learned knowledge)은 보조적이며 감시적인 역할을 담 당할 뿐 절대 습득된 지식(acquired knowledge)으로 변환 될 수 없다고 주장한다.

반구편중현상 가설(lateralization hypothesis)도 아동과 성인간의 외국어 습득의 차이를 설명해 줄 수 있다. 즉, 나이가 들어감에 따 라 좌반구가 우반구를 지배하게 되는데 성인들의 경우 좌반구의 기능 확대기로 인해 지나치게 분석적이 되어 그것이 오히려 외국 어 습득에 방해가 될 수 있다. 그러나 인지적 고찰에서 성인이 어 린이보다 외국어 학습에 유리한 증거를 제시하는 학자들도 있다. 그 중 Rivers(1964)는 성인이 어린이보다 기억력과 논리력에 있어 서 아주 우세하기 때문에 어린이들이 많은 시간을 걸려 학습할 내 용을 아주 짧은 시간 안에 학습할 수 있다고 주장하였다. Burstall(1975) 은 성인이 어린이보다 인지능력이 발달되어있기 때문에 성인의 연 역적 사고과정(deductive thinking process)이 어린이의 귀납적 사 고과정 (inductive thinking process)보다 더 능률적이며 효과적으 로 외국어를 습득할 수 있다고 주장하였다.

인지적 고찰에서 성인과 어린이의 언어 학습을 비교해 보았을 때, 여전히 어린 아동들이 성인들 보다 인지적으로 유리하다고 주장하는 견해와 학자들이 많다. 그럼에도 불구하고 성인의 뛰어난 기억력과 논리력, 그리고 연역적 사고 및 인지적 전략들의 사용은 외국어로써 영어를 학습하는 성인들에게 긍정적인 영향과 조건을 뒷받침해준다. 그러나 성인 자신의 학습에 대한 지나친 의식과 분석적이며 비판적 태도는 외국어를 배우는 데 걸림돌의 역할을 한다는 사실을 간과할 수 없는 것이다.

④ 정의적 고찰(Affective considerations)

인간 학습이 주로 이성적이며 논리적인 특성에 의해 이루어진다는 사실을 부인하지 않는다. 그러나 인간은 감정을 가진 정의적 존재임을 또한 기억해야 한다. 영어 학습자들은 외국어를 습득할 때 좌뇌에 의존하여 이성적이며 논리적인 방법을 선택하여 학습을 해왔다. 그러나 최근에 외국어를 학습할 때 우뇌의 역할과 정의적 면이 얼마나 중요한 요소임을 인식한다. 인간의 정의적인 면이 언어 습득에 어떠한 영향을 미치는가에 대한 연구가 활발히 진행되고 있다. 여기서 정의적인 영역(affective domain)에는 감정이입(empathy), 자아존중심(self-esteem), 외향성(extroversion), 차단(inhibition), 모방(imitation), 불안(anxiety), 가치관(attitudes) 등이 포함된다.

사춘기에 접어든 학습자들은 자신들이 타인과는 구별되는 독립적인 존재라는 사실을 강하게 의식하게 된다. 하지만 자신들의 정체성이 확고하게 자리 잡히지 않았기 때문에 외부로부터의 자극에 대해 자신의 불안정한 정체성을 지키기 위해 차단막(inhibition)을 형성하게 된다. 이러한 정서적 현상은 육체적, 인지적, 정서적 변화들을 동시에 급격하게 겪으면서 더욱 강하게 나타나게 된다.

Alexander Guiora(1972)는 언어자아(language ego)의 개념을 도입하여 사춘기 이후의 외국어 습득의 어려움을 설명한다. 그에 의하면 사람은 모국어를 습득하는 과정에서 사회화를 통해 동시에 언어자아도 형성해가게 되는데 이 언어자아는 각자의 정체성(self-identity)과 불가분의 관계를 맺고 있다. 어린이의 자아는 역동적이고 유연하여 사춘기 이전에는 새로운 언어의 습득이 자신의 자아에 대한 위협이 되지 않는다고 판단하여 이에 대한 차단막을 형성하지 않기 때문에 결과적으로 쉽게 새 언어를 받아들일 수 있다는 것이다. 그러나 일단 사춘기에 접어들면 급격한 신체적, 인지적, 정서적 변화로 인해 방어벽(defensive mechanism)을 구축하게 되고, 아직은 불완전한 자신의 언어자아를 새로운 언어의 침입으로부터 보호하기 위해, 새 언어의 습득을 거부하고 자신의 모국어에 강하게 집착하게 된다. 따라서 사춘기 이후의 새로운 언어습득은 매우 어려워지게 된다.

가치관(attitudes)도 언어 습득에 영향을 미칠 수 있다. Macnamara(1975)는 어린이들은 인지가 성숙되지 않아서 인종, 문화, 사회 계층, 언어 등에 대해 나름대로의 가치관(특히 부정적인)을 형성하고 있지 않다. 이러한 가치관 형성의 부재가 어린이들로 하여금 타 언어를 쉽게 습득할 수 있게 하는 요인이 된다. 그러나 아동들이 점차 성장하면서 인지도가 성숙해지고 타 언어 사용국민이나 문화에 대해 부정적인 가치관을 형성하게 되면 그로 인해 그 언어의 습득이 방해를 받게 될 수 있다.

　동료집단의 압력(peer pressure)도 언어 습득의 변수가 될 수 있다. 어린이들은 성인들에 비해 동료집단의 압력이 커서 상호 강한 동조의식(willingness to conform)을 형성하며, 이것은 언어습득에도 적용될 수 있다. 즉, 또래 집단으로부터 비아냥거림을 받지 않기 위해 언어의 정확한 형태의 습득에 성인들보다 신경을 많이 쓰게 되고 결과적으로 정확한 언어 구사를 할 수 있다는 것이다.

　⑤ 언어적 고찰(Linguistic consideration)

　같은 시기에 두 언어를 동시에 습득하는 경우에는 비슷한 습득 책략을 쓰게 된다. 같은 시기에 두 언어를 동시에 습득한다는 것은 두 개의 제1 언어를 배우는 것이며 성공의 주요요소는 두 언어로 분리된 상황을 구분하는 데 있다. 이와 같이 분리된 상황에서 제2 언어를 배우는 사람은 등위 이중 언어 사용자 (coordinate bilinguals) 라고 한다. 이들은 두 개의 언어가 작용하는 하나의 의미체계를 갖고 있는 복합 이중 언어 사용자 (compound bilinguals)와는 반대로 두 개의 의미체계를 갖고 있다. 아동시기에 이중 언어를 사용하면 인지능력 향상에 많은 도움을 준다는 연구 결과들이 있다 (Lambert 1962, Reynolds 1991). 예를 들자면, 조기 이중 언어 사용이 인지적으로 매우 유익하며, 이중 언어를 사용하는 어린이들이 개념 형성을 좀 더 쉽게 하며 정신적 유연성이 더 뛰어나다고 주장한다.

　한편, 아동들이 서로 다른 시기에 습득하는 경우 (nonsimultaneous acquisition) 2차 언어습득이 1차 언어습득과 비슷한 과정을 밟는다는 것이 일반적인 주장이다 (Dulay and Burt 1974, Ervin-Tripp 1974). 성인들의 경우 어린이와 같은 자연적인 환경에서 외국어 습득을 하는 경우가 드물어 아동들의 외국어 습득과정과 비교하기가 쉽지 않으나 연구 결과들에 의하면 성인의 외국어 습득도 아동의 모국어 습득과정에서 발견되는 유형들이 종종 발견됨을 알 수 있다. 이는 성인의 외국어 습득에 있어서 모국어 전이(transfer), 간섭(interference)만이 유일한 관련 요소가 아니라 모국어 이외의 요소들이 외국어 습득에 영향을 미치고 있음을 보여준다.

Dulay and Burt(1972, 1974, 1976)는 모국어 배경이 다른 다수의 영어습득 아동들을 대상으로 연구한 결과 외국어 습득이 모국어 습득 과정과 비슷함을 주장하였다. 그들에 의하면 외국어 학습의 경우 모국어의 전이보다는 학습자 자신의 창조적 구성 과정(creative construction process)을 거쳐 외국어를 습득해 간다는 것이다. 성인의 외국어 습득의 경우도 이러한 창조적 구성과정을 통하여 외국어를 배우게 되며 다만 어린이들의 외국어 습득과는 달리 외국어 습득의 초기단계에 모국어의 영향을 상대적으로 많이 받게 된다는 것이다.

2.4. 영어 학습과 성격

인간은 인지적인(cognitive)동물인 동시에 정의적인(affective) 동물로서 정의적 또는 감정적인 면에 대한 설명이 없이는 인간의 행동에 대한 완전한 분석은 기대하기 어렵다. 최근의 외국어 교육 연구들은 이러한 인간의 인지적 측면이 외국어 습득과 어떤 관련을 맺고 있는지 큰 관심을 보이고 있다. 만약 외국어 교육이 인지적인 요소만을 고려한다면 그것은 인간 행동에 있어서 가장 근본적인 측면을 고려하지 않는 것이 될 수 도 있다. 인간의 학습과 인지에 대한 연구로 잘 알려져 있는 Ernest Hilgard (1963)는 정의적 역할을 무시하는 한 순수하게 인지적인 학습 이론들은 인정받을 수 없다고 주장한다. 따라서 제2 언어 습득 이론을 정립하는데 있어서 정의적 영역의 성격 요인들을 연구의 중요성이 대두되고 있다.

1) 정의적 영역(Affective domain)

Krathwohl, Bloom, and Masia(1964)는 정의적 영역을 다음의 5단계로 구성되어 있다고 정의한다.

① 접수(receiving) 단계: 정의성(affectivity)이 발달하는 최초의 단계로서 사람을 둘러싼 환경에 대한 인식을 하게 되는 단계이다.

② 반응(responding) 단계: 사람이 특정의 현상이나 타인에 대해 어느 정도의 반응을 보이게 되는 단계이다.

③ 가치부여(valuing) 단계: 사물, 행위, 사람들에 대해 가치를 평가하기 시작하는 단계이다.

④ 가치조직(organization of values) 단계: 여러 가치들을 신념체계(system of beliefs)에 조직화하는 단계이다.

⑤ 가치체계(value system) 단계: 사람들이 내재화한 가치들에 따라서 일관성 있게 행동하는 단계이다.

위의 정의적 영역에 대한 정의는 일반적인 인간의 행위에 대한 것이다. 외국어 습득도 인간 행위의 일부이므로 위의 정의가 외국어 습득에도 적용될 수 있다. Bloom의 분류는 교육적인 목적을 두고 만들어졌지만 인간 행동의 정의적 영역을 전반적으로 이해하기 위해서 사용되어 왔다. 받아들이는 것, 반응하는 것, 가치를 판단하는 것과 같은 기본적인 개념들은 보편적이다.

2) 자아존중심(Self-esteem)

Coopersmith(1967)는 자아존중심을 다음과 같이 정의한다. 자아존중심은 본인 스스로가 자신에 대하여 만들어 내고 습관적으로 유지하는 평가를 지칭한다. 그것은 인정하거나 또는 인정하지 않는 태도를 나타내며, 각 개인이 자기 자신에 대해서 유능하고, 중요하며, 성공적이고, 가치 있는 존재라고 믿는 정도를 가리킨다. 간단히 말하자면, 자아존중심이란 개개인이 자신에 대해 가지고 있는 태도에서 표현되어지는 가치의 개인적 판단이다. Brown (2001)은 사람들은 그들 자신과 다른 사람들과의 경험과 그들을 둘러싼 외부 환경의 평가를 통해서 자아존중심을 형성하게 된다고 주장한다. 이렇게 형성되는 자아존중심의 다양한 성격을 이해하기 위해서 자아존중심은 크게 3 자지의 종류로 분류할 수 있다.

① 전반적(global) 자아존중심: 이것은 상당히 안정적인 성향을 보여 잘 변화하지 않는다.
② 상황적(situational), 구체적(specific) 자아존중심: 이것은 사람의 사회 활동 영역이나 특정의 능력 영역에 대한 개인 자신의 평가를 지칭한다.
③ 과업(task) 자아존중심: 이것은 구체적인 상황 내에서 특정한 과업에 대한 개인의 평가를 지칭한다.

외국어 학습과 관련하여 위의 분류를 적용하면, 구체적 자아존중심은 언어 학습 전반을 지칭한다고 할 수 있고, 과업 자아존중심은 읽기, 쓰기, 등과 같은 구체적인 외국어 학습의 측면들에 대한 개인의 자아평가를 지칭한다고 할 수 있다. Heyde(1979), Watkins et al.(1991), Gardner and Lambert(1972) 등의 연구는 긍정적 자아존중심이 외국어습득에 중요한 변수가 됨을 보여준다. 따라서 외국어 학습 시 학습자의 자아존중심이 높으면 외국어에 대한 자신감도 높아서 학습에 상당히 유리하다고 할 수 있다.

3) 억압 (Inhibition)

사람이 성장함에 따라 자신의 정체성을 확립해 가게 되는데 사춘기의 급격한 신체적, 인지적, 정의적 변화를 겪게 되면 자신의 불완전한 자아를 방어하려는 본능이 강하게 나타나고 외국어 습득의 경우 습득 외국어가 자신의 정체성을 침해한다는 불안감 때문에 의도적으로 습득을 회피하려는 경향을 보이기도 한다. 억압 또는 자아방어심은 신체적, 인지적, 정서적 변화가 많은 사춘기에 강화되고, 정도가 심하면 주변과도 담을 쌓게 되어 스스로 고립되는 현상이 일어나기도 한다.

Guiora et al(1980)은 어린이들은 성인에 비해 언어자아가 약하고 타인이나 주변 환경을 접해본 경험이 적기 때문에 새로운 언어, 즉, 외국어를 학습할 때 외국어에 대한 위협이나 두려움을 느끼는 정도가 약해 외국어를 쉽게 적응하며 배울 수 있다고 주장한다. 그러나 나이가 들어가면서 자신의 자아가 위협을 받을 수 있는 새로운 환경과 언어 등에 접하게 되면 억압 또는 자아방어심이 형성되어 보다 더 강하게 모국어에 집착하게 되는 현상이 일어난다. 따라서 어린이는 억압 또는 자아방어심이 낮고 성인은 상대적으로 높으므로 성인은 외국어를 학습할 때 자신의 실수와 오류로 인해 심한 수치감과 두려움이 어린이 보다 더 많이 생기며 외국어 학습이 어려워진다.

한편, Ehrman(1993)은 두터운 자아 경계("thick" ego boundaries)를 지닌 외국어 학습자와 얇은 자아 경계("thin" ego boundaries)를 지닌 외국어 학습자를 비교한 연구에서 개방성, 모호성의 관용성을 보이는 얇은 자아경계를 지닌 학습자들이 체계적, 완전주의적인 두터운 자아 경계를 지닌 학습자들과 다른 방식으로 외국어 습득을 함을 보여 주었다. 결과적으로 영어를 성공적으로 학습하기 위해서는 영어 학습 환경과 과정 속에서 일어날 수 있는 실수와 오류, 그것들로 인한 수치심과 두려움을 피해가기 보다는 시행착오의 과정이라고 간주할 필요가 있고 억압과 자아 방어벽을 가능한 한 낮추도록 하는 것이 절대적으로 필요하다.

4) 모험(Risk-taking)

외국어 습득에서는 위험을 감수하려는 모험 정신이 필요하다. 학습자들은 나름대로 언어에 관해 추측을 하면서 학습을 하여야 하며 그 과정에서 실수 또는 오류가 발생하는 것을 예상해야 한다. 그러나 높은 모험 정신이 반드시 외국어 습득에 긍정적인 결과를 초래하지는 않는다. Beebe(1983)은 외국어 학습 동기가 강한 학습자들은 적절한 수주의 모험심을 가진 자들이라고 주장한다. 즉, 훌륭한 학습자는 외국어에 대해 추측을 하되 정확한 추측(accurate guesses)을 할 수 있어야 한다는 것이다. 외국어 교사의 입장에서 볼 때, 지나치게 추측에 의존하여 외국어 학습에 임하는 학생들은 자제할 수 있도록, 반면에 지나치게 조심성 있는 학생들은 어느 정도 잘못된 추측의 위험을 감수할 수 있도록 지도해야 한다.

5) 불안감(Anxiety)

자아존중심, 억압, 모험 시도와 복잡하게 얽혀있는 불안감 (또는 두려움)이라는 개념은 제2 언어 습득에서 중요한 역할을 하는 정의적 요인이다. 불안감이라는 것이 무엇인지 알고 있고 경험했지만, 불안감 또는 두려움이라는 개념을 간단히 한 문장으로 정의하기는 쉽지 않다. 불안감은 근심, 좌절, 자기 의심, 우려, 걱정과 관련이 있다 (Scovel, 1978). 이러한 불안감은 크게 두 가지 종류로 분류할 수 있다.

① 기질적 불안감(trait anxiety): 이것은 개인이 상황에 관계없이 전반
   적으로 보이는 성향으로서 어느 정도 항구적인 성격을 지닌다.
② 상태 불안감(state anxiety): 이것은 특정의 사건이나 행동에 관련해
   서 개인이 경험하는 불안감이다.

최근의 외국어 불안감(foreign language anxiety)에 대한 연구는
상태 불안감에 초점을 맞추고 있다. MacIntyre and Gardner(1989)
는 외국어 불안감을 구성하는 요소로 다음의 3가지를 든다.

① 의사소통의 두려움(communication apprehension)
② 부정적인 사회적 평가에 대한 두려움(fear of negative social evaluation)
③ 시험 불안감(test anxiety)

Alpert and Haber(1960)는 불안감을 해악적인 것(debilitative)과
긍정적인 것(facilitative)으로 나누고 있다. 외국어 습득에 있어서
해악적인 불안감은 제거해 주어야 하지만 긍정적인 불안감까지 제
거하려고 하면 오히려 "되는대로"(wishy-washy) 식의 학습을 유
도하게 되어 외국어 학습에 부정적 효과를 미칠 수 있다. 따라서
가능한 불안감의 부정적 측면을 없애면서 긍정적 측면을 살려 주
는 것이 필요하다.

6) 감정이입(Empathy)

Brown (2001)에 의하면 감정이입은 다른 사람의 감정을 이해하기 위하여 자기 자신을 넘어 다른 사람의 입장이 되어 보는 것을 의미하는 마음의 자세이다[6] 이것은 사회생활에서 다른 사회 구성원들과 조화를 이루면서 살아가기 위한 중요한 요소라고 할 수 있다. 언어는 감정 이입의 중요한 수단들 중의 하나이지만, 비언어적인 의사소통도 이러한 과정을 쉽게 해주기 때문에 간과해서는 안된다고 주장한다. 외국어 습득에 있어 감정이입의 중요성은 중요하다고 할 수 있다. 즉, 효과적인 의사소통(구두 의사소통이건, 글을 통한 의사소통이건)을 할 수 있기 위해서는 상대방의 인지적, 정의적 상태를 이해하는 것이 중요하다. 따라서 감정이입이 풍부한 학습자가 외국어 습득에 유리한 점을 지니고 있다고 할 수 있다. 문제는 감정이입이라는 개념이 명확하게 정의될 수 있는 성질의 것이 아니고 더더욱 계량화 할 수 있는 개념도 아니기 때문에 구체적으로 외국어 습득에 어떻게 영향을 미치는 지 파악하기가 쉽지 않다는 것이다.

Brown (2001)에 의하면 보다 더 자세하게 설명을 하기 위하여 감정 이입은 다른 사람을 더 잘 이해하기 위하여 자기 자신의 모습을 다른 사람의 성격에 투영하는 것으로 설명한다. 감정 이입 (empathy)은 공감 (sympathy)과는 동의어가 아니다. 왜냐면 감정 이입은 분리 될 수 있는 가능성을 더 많이 가지고 있는 반면, 공감

---

6) "the process of 'putting yourself into someone else's shoes' of reaching beyond the self and understanding and feeling what another person is understanding or feeling." p. 107

은 개인들 사이의 일치 또는 조화를 나타낸다. Guiroa (1972)는 감정 이입은 자아와 다른 대상의 일시적인 통합을 통해서 다른 사람의 정서적인 경험을 즉시 감정적으로 이해하는 것을 가능케 하는 이해의 한 과정이라고 정의한다. 이러한 맥락에서 Hogan (1968)는 감정 이입을 발전시키고 연습하기 위해서는 첫째, 자기 자신의 감정을 이해하는 것이고 둘째, 다른 사람과 동일화시키는 것이라고 주장한다. 다시 말하자면, 자기 자신을 올바로 알지 못하고는 감정 이입을 할 수 없으며 다른 사람을 알 수도 없다는 것이다.

7) 외향성(Extroversion)과 내향성(Introversion)

Brown (2002)에 의하면, 외향성 (extroversion) 그리고 그와 반대되는 개념인 내향성 (introversion)은 외국어 학습에서 잠재적인 중요한 요인이라고 주장한다. 또는 개인의 전체감과 자아 존중에 대해서 "안으로 향하는가? 아니면 "밖으로 향하는가?"의 양식과 관련되어 있다 (Myers & Briggs, 1962). 외향성은 기꺼이 대화를 하는 모험을 시도하는 장점이 있는 반면, 외부의 자극과 상호 작용에 주로 의존하는 단점이 있고, 내향성은 정신 집중, 스스로 모든 것을 해결하고자 하는 의지가 강하며, 약점으로는 말하기 전에 자신의 생각을 처리해야 할 필요성으로 인해 종종 대화에서 언어적 모험을 회피하는 결과를 초래하게 된다. 따라서 Lawrence (1984) 교실현장에서 외향성은 집단학습에 뛰어날 것이고 내향성은 개별학습을 선호하므로 교사가 학생들의 개인적인 차이를 이해하는 것이 상당히 중요하다고 강조한다. 그러나 교육현장에서는 외향성이 내향성보다 가치가 있고, 내향적인 사람을 외향적인 사람만큼 총명하다고 생각하지 않는 고정관념이 있다고 지적한다. 이러한 고정관념과는 반대로, Brown (2002)은 내향적인 사람들은 외향적인 사람들이 가지고 있지 않은 내적으로 강한 특성을 가지고 있다고 주장한다. 외향적인 사람은 사실상 자기 자신의 자아를 보호하기 위하여 겉으로 표현하고 행동할 수 있는데 이러한 것은 방어의 벽과 자아에 대하여 높은 장벽을 쌓고 있다고 할 수 있다. 이렇듯, 내향성 및 외향성이 외국어 습득과정에 도움이 되는지 방해가 되는지는 명확하지 않다 (Torrance, 1980). 외국어 교사는 무조건적으로 외향성을 강조하는 분위기를 만들 것이 아니라 학습자 개개인의 성향과 또한 학습자의 문화에 대한 분석을 통해 극단적인 외향성과 극단적인 내향성 사이의 최적의 상황을 도출해 내는 것이 중요하다.

외향적인 사람은 사람들과 큰 소리로 대화하는 것을 선호하고 내성적인 사람은 친구하고 조용히 말한다. 외향적인 사람은 사람들을 쉽게 사귀고 어울리기도 좋아하므로 영어 말하기를 잘 할 수 있다. 내향적인 사람은 듣기와 읽기 쓰기를 더 잘할 수 있다. 외향적인 사람은 협동 학습과 능동적이고 고독과 자기 평화를 사랑하는 내성적인 사람은 개별 작업을 좋아하기 때문에 논쟁과 토론을 기피한다. 대부분의 학습들은 어떤 쪽으로 기우는 경향은 있지만 극단적인 경우는 개성이 몹시 강한 경우를 째고는 그리 흔하지 않다. 그러므로 자신의 경향을 반드시 먼저 알아보고 자신의 몸에 맞는 전략을 계획하여 학습효과를 최고의 수준으로 올려야 할 것이다.

다음은 학생의 영어 학습 성향이 외향적인지 내향적인지를 파악하

는 조사이다. 주어진 질문에 본인의 성격과 관련이 있는 것을 표시
해 본다.

Q.1 a. 나는 사람들과 섞여서 교제하는 것을 좋아한다.

b. 나는 혼자 작업을 하는 것을 좋아한다.

Q.2 a. 나는 상당히 말을 잘 하지 않는 (속마음을 드러내지 않는, reserved)편이다.

b. 나는 사람들에게 아주 쉽게 다가가는 편이다.

Q.3 a. 나는 혼자 있을 때가 가장 행복하다.

b. 나는 다른 사람들과 함께 있을 때가 가장 행복하다.

Q.4 a. 파티에서 나는 잘 모르는 사람들이라도 많은 사람들과 대화를 나눈다.

b. 파티에서 나는 내가 아는 사람하고만 대화를 나눈다.

Q.5 a. 나는 사회생활에서 대개 새로운 소식에 뒤쳐진다.

b. 나는 사회생활에서 다른 사람들 보다 소식에 빠르다.

Q.6 a. 나는 내 스스로 앎으로써 문제를 더 잘 푼다.

b. 나는 다른 사람들과 대화를 함으로써 문제를 더 잘 푼다.

Q.7 a. 내가 다른 사람들과 있을 때 나의 일반적인 자세는 열려있고 솔직하며 위험부담을 두려워하지 않는다.

b. 내가 다른 사람들과 있을 때 나의 일반적인 자세는 침묵하며 닫혀있다.

Q.8 a. 내가 친구를 사귈 때, 나는 일반적으로 상대방이 나에게 먼저 다가오는 편이다.

b. 내가 친구를 사귈 때, 나는 일반적으로 내가 상대방에게 먼저 다가가는 편이다.

Q.9 a. 나는 집에서 혼자 지내는 것이 차라리 낫다.

b. 나는 집에서 혼자 있기 보다는 차라리 따분한 파티라도 가는 게 낫다.

Q.10 a. 나는 내가 모르는 사람들과의 상호작용은 나를 자극시키며 힘을 불어 넣어준다.

b. 나는 내가 모르는 사람들과의 상호작용은 나를 침묵하게 만든다.

Q.11 a. 나는 사회집단에서 상대방이 나에게 찾아와 주기를 기다린다.

b. 나는 사회집단에서 내가 먼저 상대방에게 말을 건넨다.

Q.12 a. 나는 내가 혼자 있을 때, 안정감과 평화감을 느낀다.

b. 나는 내가 혼자 있을 때, 외로움과 불편함을 느낀다.

Q.13 a. 나는 교실에서 친구들과 상호작용 하면서 그룹으로 공부하는 것을 선호한다.

b. 나는 교실에서 혼자 공부하는 것을 선호한다.

Q.14 a. 나는 논쟁을 할 때, 나는 조용하고 논쟁거리가 스스로 해결되어 없어지기를 선호한다.

b. 나는 논쟁을 할 때, 그 논쟁이 지금 이 자리에서 해결되어 지기를 선호한다.

Q.15 a. 나는 심오하고 복잡한 생각을 글로 표현할 때, 나는 일반적으로 어려움을 느낀다.

b. 나는 심오하고 복잡한 생각을 글로 표현할 때, 나는 상당히 쉽게 표현한다.

채점표

	ⓐ	b		a	ⓑ		a	ⓑ
1			2			3		
4			5			6		
7			8			9		
10			11			12		
13			14			15		
합			+			+		=

첫 칸 (1, 4, 7, 10, 13번 문제)은 ⓐ에만 둘째 칸 (2, 5, 8, 11, 14번)은 ⓑ만 셋째 칸 (3, 6, 9, 12, 15번)도 ⓑ에만 1점씩을 주어 아래와 적어서 세 개를 더하여 최종적인 합계를 낸다.

최종 합계에 따라 13이상은 아주 외향적인 성격이다.

9에서 12는 상당히 외향적이다.

7에서 8은 상당히 내향적이다.

6개 이하는 아주 내향적이다.

8) 적극적 및 소극적 성향

　적극적 성향의 학습자는 자기주장이 강하고 활달하다. 따라서 남들 앞에 나서기를 좋아하기 때문에 일대일보다는 집단별 수업방법이 보다 효과적이라고 할 수 있다. 그룹을 이끌면서 알고 있는 내용을 친구들에게 설명하는 기회가 있다면 더욱 효과적일 수가 있다. 집단 활동을 통하여 자신의 생각을 전하고 타인의 생각과 의견을 공유함으로써 영어학습의 자신감을 확대할 수 있는 성향이라고 할 수 있다. 그러나 이러한 적극적 성향의 학습자들은 자신의 생각과 의견을 표출하기 위해서 또는 남의 시선을 이끌기 위해서 상당부분 유난히 산만한 경우가 있을 수 있다. 따라서 오랫동안 책상 앞에 앉아 있도록 강요하거나 자신의 의견과 생각을 표출하는 것을 억제하면 자칫 역효과를 낼 수 있다. 따라서 학습 시간을 목표로 잡기보다는 하루에 몇 쪽씩 영어읽기 분량을 목표로 설정하고 본인의 의견과 생각을 표출할 수 있는 기회를 제시하는 것이 바람직하다. 목표량을 마치면 다른 일을 할 수 있다는 생각에 짧은 시간 내에 학습목표를 완수하려고 집중력을 발휘할 수 있고 자신의 생각과 의견을 전달하면 만족감과 자신감 및 성취감을 가질 수 있다.

　반면, 소극적인 성향의 학습자는 상대방에게 의해 강요되어지는 것을 상당히 싫어하므로 학습자로 하여금 설명해 보라는 식의 대답을 요구하면 되레 역효과가 날 수 있다. 충분히 본인의 의사가 반영되는 학습 환경을 제공해 주어야 하며 그룹 활동 보다는 일대일 학습을 선호한다. 특히 소극적이고 내성적인 학생일수록 개인적 학습 구조를 선호하며, 대인관계에는 소극적이나 이기적이고 명석한 학생일수록 경쟁적 학습 구조를 좋아한다. 개인주의적이고 수용력이 높은 학생일수록 개별화 구조를 선호하며, 적극적이고 활발하며 원만한 학생일수록 협동학습을 선호한다는 조사 결과가 있다. 뿐만 아니라, 소극적 성향의 학습자는 상대방의 반응에 상당히 신경을 쓰며, 자신의 언어수행을 의식적으로 "감시하는"(monitoring) 경향이 짙다. 이로 인하여 실수나 오류에 대하여 상당히 민감하며 상당부분 이러한 실수와 오류를 줄이기 위해서 과감한 시도, 예를 들자면, 교실 밖에서 영어를 배울 수 있는 기회를 찾기 보다는 교실 안에서 교실활동을 보다 더 선호하는 경향이 있다.

<表 4. 적극적 vs. 소극적 성향을 조사하는 설문>

당신을 가장 잘 묘사하는 항목 (A, B, C, D, E) 쪽으로 하나만 표기하시기 바랍니다. A와 E는 가장 잘 묘사하는 항목이고 C는 양쪽이 동등하게 비슷한 경우에 표기하시기 바랍니다.

		A	B	C	D	E	
1	내가 말할 때 사람들이 웃어도 나는 개의치 않는다.						내가 말할 때 사람들이 웃으면 나는 당황한다.
2	나는 확실치 않은 새로운 영어단어와 문장을 시도해 보는 것을 좋아한다.						나는 맞는다고 확신하는 언어만을 사용하기를 좋아한다.
3	나는 영어 학습을 성공할 수 있다고 나의 능력을 확신한다.						나는 영어 학습을 성공할 수 있다는 나의 능력에 불 확신한다.
4	나는 영어로부터 개인적으로 배울 것이 있기에 영어를 배우고자 한다:						단지 다른 사람들이 요구하기 때문에 영어를 배우고 있다.
5	다른 사람들과 함께 일하는 것을 정말 즐긴다.						다른 사람들과 함께보다는 혼자 일하는 것이 더 좋다.
6	언어를 부분이 아닌 전체 그대로 받아들이고 말이나 글의 전반적인 요지를 파악하는 것을 좋아한다.						언어의 많은 상세한 사항들을 말이나 글을 정확하게 이해하는 것을 좋아한다.
7	통달해야 할 언어가 아주 많다면 한 번에 한 가지씩 하려고 한다.						배워야 하는 많은 언어내용이 한꺼번에 닥치면 나는 어려움을 느낀다.
8	나는 말할 때 내 말에 아주 의식적이지 않다.						말할 때 면밀히 의식적으로 나의 말을 감시한다.
9	실수를 할 때 이를 통해 언어에 대해 무엇인가를 배울 수 있도록 노력한다.						실수란 언어 수행이 얼마나 서투른가를 나타내기에 실수를 하면 기분이 나쁘다.
10	교실 밖에서 언어를 계속 배울 수 있는 길을 모색한다.						성공하기 위해 필요한 모든 것을 교사나 교실 활동에서 기대한다.

<점수계산> : A는 1, E는 5로 계산하여,

- 45점 이상은 아주 소극적임
- 35-44는 상당히 소극적임
- 34-25는 보통
- 24-15는 상당히 적극적임
- 14이하는 아주 적극적임

9) 동기(motivation)

Brown (2001)은 학습자가 적절한 동기를 갖고 있으면 성공할 것이라고 주장하는 것은 너무나도 당연한 논리이기에 이의를 제기할 사람은 없다고 한다. 왜냐면 인간 학습에 관한 많은 연구와 실험에서 동기는 학습의 관건이라는 점이 다방면에서 증명되었기 때문이다. 그러나 이런 당연한 결과로 인해서 동기에 대하여 자세히 연구하고 이해하려 하지 않는다는 사실을 지적한다. 우선 이론적 배경에서 소개한 세 가지 학파의 관점에서 동기를 이해하고 정의하면 세 학파가 바라보는 동기의 정의와 관점에 많은 차이가 있음이 명백하다.

① 행동주의적 (behavioristic) 입장: 동기는 보상을 기대한다. 긍정적인 강화를 얻기 위하여 그리고 어떤 행동에 대한 그 이전의 보상 경험에 의해서 행동해 왔듯이, 보다 더 강화를 얻기 위해서 행동한다. 이러한 관점에서, 행위는 외부적 힘에 의해

서 좌우되는 것으로 본다.

② 인지주의적 (cognitive) 입장: 동기는 개인의 결정, 즉 어떤 경
   험이 나 목표를 성취하기 위하여 노력하는지 아니면 회피하는
   지에 대한 선택에 초점을 둔다. 동기는 개인으로 하여금 특정
   의 행동을 하게 하는 내적인 충동, 감정, 욕구를 지칭한다. 즉,
   인간의 기본적인 욕구에 의해 발생되며 내부의 개인적인 힘의
   의해서 또한 통제될 수 있다. Ausubel은 동기의 기저에 있는
   인간의 6가지 욕구(needs) 을 분류한다.

⑴ 탐험에 대한 욕구 (the need for exploration) : 저 멀리 산의 않보
   이는 면을 보고자 하는 미지의 것을 알고자 하는 욕구
⑵ 조작에 대한 욕구 (the need for manipulation) : 환경에 대해서 작
   용하여 뭔가 변화를 도모하고자 하는 욕구
⑶ 활동에 대한 욕구: (the need for activity) : 신체적 그리고 정신적
   으로 운동하고 활동하고자 하는 욕구
⑷ 자극에 대한 욕구 (the need for stimulation) : 환경, 사람, 생각,
   사고, 감정 등에 의해 자극을 받고자 하는 욕구
⑸ 지식에 대한 욕구 (the need for knowledge) : 탐험, 조작, 활동,
   자극의 결과를 처리하고 내재화하여 문제에 대한 해결과 스스로
   모순이 없는 지식 체계를 구축하고자 하는 욕구
⑹ 자아 성취에 대한 욕구 (the need for ego enhancement) : 자기
   자신을 알리고 다른 사람들로부터 인정받고자 하는 욕구

③ 구성주의 (constructivist) 입장: 동기는 개개인의 선택도 중요시 여기지만 사회적 맥락을 보다 더 중요시 여긴다. 개개인은 서로 다른 동기를 갖고 있고 독특한 방식으로 자신에게 주어진 환경에 자신만의 특별한 방법과 계산을 가지고 임한다. 개개인의 이러한 행동들은 반드시 그들이 속한 사회적이고 문화적인 환경 안에서 수행되며, 절대로 그것과 분리되어서 행동할 수 없다. 이러한 견해에서의 동기란 내부적이고 상호 작용적인 힘에 의해서 통제되어질 수 있다.

④ 통합적 동기(instrumental motivation), 도구적 동기(integrative motivation), 동화적 동기(assimilative motivation): 통합적 동기는 학습자가 외국어 문화 속에 통합되어 그 사회의 일부가 되고자할 때 발생하는 동기를 일컫는다. 도구적 동기는 외국어를 경력증진, 전문서적 독해, 번역 등 도구적인 목적을 위해 언어를 습득하는 동기를 지칭한다. Lambert(1972)의 연구는 통합적 동기가 성공적인 외국어 습득에 중요한 요소임을 보여준다. 반면, Lukmani(1972), Kachru(1977)의 연구는 도구적 동기만으로도 효과적인 외국어 습득이 가능함을 보여준다. Graham(1984)은 통합적 동기와 동화적 동기(assimilative motivation)의 구별의 필요성을 지적한다. 그에 의하면, 통합적 동기는 외국어 습득자가 외국어 사용자와 의사소통하고자 하나 반드시 그 외국어 사용자 집단과 집적적인 접촉을 해야 함을 의미하는 것은 아

니다. 반면, 동화적 동기는 외국어 언어공동체의 일원이 되고자 하는 강한 열망을 지니고 있을 때 나타나며 보통 해당 외국어 사용문화권에 장기간 생활 할 때 발생한다.

⑤ 내부적 동기(intrinsic motivation) 과 외부적 동기(extrinsic motivation): 내부적 동기는 개인의 활동 그 자체 이외에는 어떠한 보상도 원하지 않는 동기로서 자결(self-determination)이나 자신감 같은 내재적 보상을 목적으로 하는 동기를 지칭한다. 외부적 동기는 개인 활동의 원인을 자신 이외로부터의 보상을 기대하면서 하려는 동기를 지칭한다. 많은 연구들(Crookes and Schmidt 1991, Brown 1990, Maslow 1970)은 내부적 동기가 외부적 동기보다 인간 행위의 향상에 보다 긍정적인 효과를 나타냄을 보여준다. H. D. Brown (1994)는 내부적, 외부적 동기를 통합적, 도구적 동기와 구분한다.

<표 5. 통합 및 도구적 동기>

구 분	내적 (Intrinsic)	외적 (Extrinsic)
통합적 (Integrative)	L2 학습자는 자신이 배우는 L2 언어의 문화와 통합하고자 함 (예, 이민 혹은 결혼을 목적으로)	다른 사람이 통합적인 이유로 학습자에게 L2를 배우도록 함 (예, 일본인 부모가 자녀를 일본어 학교에 보냄)
도구적 (Instrumental)	L2 학습자가 L2를 이용하여 목표를 달성하고자 함 (예, 자신의 직업을 위해서)	외적인 힘에 의해서 L2 학습자로 하여금 L2 언어를 학습하게 함 (예, 회사에서 언어 훈련을 위하여 일본인 직원을 미국으로 영어 연수를 보냄)

2.5. 영어 학습의 유형

오늘날 많은 영어학습법이 우리나라 학생들에게 소개되어져 있고 많은 학생들이 보다 효과적인 영어학습법을 찾기 위해 부단한 노력을 하고 있다. 다양한 영어 학습방법에서 학생 개개인에게 적합한 학습법과 전략을 찾는다면 보다 효과적인 영어능력 향상에 대한 결실을 맺을 수 있을 것이다. 개개인의 학습능력 및 성향에는 많은 차이가 있으므로 획일적인 방법의 영어학습법을 요구하고 그 방법을 기본으로 학생들의 영어능력을 판단하는 일은 비효율적이고 학생들로 하여금 영어에 대한 반감 및 무력감을 느끼게 할 수 있는 것이다. 영어 학습은 학생 자신의 유형 (style)에 적합한 전략 (strategic)을 계발 하는 것은 언어습득에 상당히 중요한 것이다 (Brown, 2000). Brown에 의하면 유형이란 일관성이 있고 다소간 영구적이며 개인이 가지고 있는 어떤 성향 및 경향을 가리키는 것이다. 즉 유형이란 한 개인을 다른 사람과 차별화시킬 수 있는 지능적 기능이면서 일반적인 특성이다. 이에 반해, 전략은 어떤 문제나 과업에 접근해 가는 방법, 특정 목적을 달성하기 위한 작업방식, 어떤 정보를 통제하고 조작하기 위해 계획된 구성을 지칭하는데, 이는 매순간, 매일, 또는 매년 달라질 수 있는 주어진 상황 안에서 전투작전과 같다. 왜냐면 전투 작전은 승리하기 위해서 가능한 여러 방법들을 동원해야하고 여러 가지 방향을 모색해야 하기 때문이다.

Brown (2002)에 의하면 유형은 인지유형 (cognitive style)과 학습유형 (learning style) 으로 나눠질 수 있는데, 인지유형은 무엇을 배우는 방식과 해결하는 방식은 성격과 인지 사이에 존재하는 형태에 영향을 받는다. 이러한 인지유형이 정의적 및 생리적 요인들이 혼합된 교육 상황 (educational context)에 구체적으로 연결될 때 학습유형이라고 할 수 있다. 이러한 관점에서 학습유형은 학습자가 어떻게 학습 환경을 지각하고, 상호작용하고, 반응하는가를 보여주는 상대적으로 안정된 지표인 인지적, 정의적, 생리적 특성 (Keefe, 1979)으로 이해되어질 수 있다. 학습자의 학습유형을 바꿔보려면 인지유형을 바꾸려고 노력하기 보다는 그 학습자가 속한 교육적 환경을 바꿔주는 것이 보다 효율적이라고 할 수 있는 것이다.

1) 학습유형(Learning styles)

개개인의 인지유형(cognitive style)이 교육적인 맥락과 구체적인 관계를 가지게 될 때, 그것을 학습유형(learning styles) 이라고 일컫는다. 학습유형은 단순히 인지적인 면 뿐 아니라 정의적인(cognitive) 면, 생리적인(physiological) 면들도 혼재되어 있는 복합적인 개념이다.

Keefe(1979)는 학습유형을 학습자가 어떻게 학습 환경을 지각하고, 상호작용하며, 반응을 나타내는지를 보여주는 상대적으로 안정된 지표로써 인지적, 정의적, 생리적 특성이라고 정의 내린다. 또한 Skehan(1991)은 이를 특정 방식으로 정보를 처리하는 자발적일 수도 아닐 수도 있는 일반적인 성향이라고 기술한다. 다음에는 개개인의 학습유형이 외국어 습득에 어떤 영향을 미치는지 살펴보기로

한다.

2) 장독립성(field independence)/장의존성(field dependence)

장독립성은 장(field)내에서 특정의 관련된 항목이나 요소를 인식해 낼 수 있는 능력을 일컫는다. 여기서 장이란 감각으로 인식할 수 있는 것(perceptual)일 수도 있고, 사고의 집합체와 같이 보다 추상적인 것일 수도 잇고, 감정일 수도 있다. 장의존성은 장독립성과 대립되는 개념으로 전체적인 장에 의존하게 되어 장속에 내재된 부분들을 쉽게 인식하지 못하고 장 전체를 통일된 것으로 파악하는 능력을 일컫는다. 장독립적 유형은 주위 환경에 큰 영향을 받지 않고 특정의 부분적인 면에 집중할 수 있는 장점이 있는 반면 지나친 장독립적인 경향은 오히려 인지적 터널시야(cognitive tunnel vision)를 초래하여 전체적인 맥락에서 부분들을 파악할 수 있는 능력의 결여를 초래할 수 있다(You can't see the forest for the trees).

정의적인 관점에서, 장독립적 성향을 보이는 사람들은 독립적, 경쟁적이고 자신감이 있으며, 장의존적 성향을 보이는 사람들은 보다 사회적이고(socialized) 타인의 감정과 사고에 민감한 면을 보인다. 장의존성/독립성이 외국어 습득에 미치는 영향에 대하여는 두 가지 상반된 가정이 있을 수 있다. 첫째 가정은 장독립적 경향의 외국어 습득자들은 분석(analysis), 연습(drill), 집중활동 등을 포함하는 교실에서의 외국어 학습에 긍정적인 영향을 미칠 수 있다는 것이다. 두 번째 가정은, 장의존적 경향의 외국어 습득자는 정의적인 면의 우수성으로 인해 정의적인 요소를 많이 포함하는 외국어의 의사소통 측면(communicative aspects)의 습득에 긍정적인 영향을 미칠 수 있다. 각종 연습(drills, exercises), 시험 등의 학습 활동이 주류를 이루는 학교 교실 수업을 통한 외국어 습득은 장독립적 성향을 요구되고, 반면 교실 외에서 자연스럽게 대인간의 접촉을 통해 외국어를 습득하는 환경에서는 보다 장의존성 성향이 요구된다고 할 수 있다.

Krashen(1977)이 주창한 학습(learning)과 습득(acquisition)의 개념도 장독립/장의존의 개념으로 설명할 수 있다. 즉, 상대적으로 장독립적 성향이 강한 성인들은 의식적으로 외국어 학습에 임하는 반면(learning), 장독립적 성향이 강한 아동들은 무의식적(subconscious), 자연적(natural)으로 외국어 습득(acquisition)할 수 있는 조건을 갖추게 된다. 학습자들이 장독립성, 장의존성중 하나만을 가지고 있다고 생각하는 이분법적인 사고에서 벗어나 상황에 따라 이들 중 적적한 것을 선택해 활용한다는 점을 인정할 필요가 있다. 이 두 가지 성향을 대부분의 사람들은 다 가지고 있다고 보는 것이 올바른 이해이다. 즉, 둘 중 어느 하나의 문제가 아니라 정도의 문제로 간주해야 한다는 것이다. 외국어 습득에서 습득의 맥락(context) 따라 그에 맞는 유형을 활용하여 외국어 습득을 하도록 유도하는 것이 필요하다. 예를 들자면, 영어 원어민을 자연스럽게 만나 대화하고 친구로서 교제할 수 있는 환경에서는 장의존적인 사람이 보다 쉽게 영어를 습득하는데 유리할 수 있다. 또한 성인이 어린이에 비해 장독립적인 성향이 높다고 할 수 있다. 반면 어린이는 장의존성이 성인보다 강하며 자연스러운 환경 속에서 성인보다 외국어 학습이 유리하며 성인은 장독립성이 상대적으로 강하므로 인위적인 학습 환경이 더 선호될 수 있다.

3) 좌뇌(left-brain)와 우뇌(right-brain)의 기능들

Stevick(1982)은 좌뇌가 우뇌를 지배하는(left-brain-dominant) 외국어 학습자들은 개별 단어들을 생성해 내거나, 언어의 추상적인 면, 분류화(classification), 도식화(labeling), 재구성(reorganization)을 처리하는데 유리한 반면, 우뇌의 활동이 지배적인 외국어 학습자들은 언어의 전체적 이미지, 일반화(generalization) 정서적 반응(emotional reactions), 예술적 표현(artistic expression)을 처리하는데 유리한 입장에 있다고 주장한다. 다음은 좌뇌와 우뇌의 기능의 특징들을 도표로 나타낸 것이다.

<표 6. 좌뇌와 우뇌의 특징>7)

좌뇌 우성	우뇌 우성
이지적	직감적
이름을 기억함	얼굴을 기억함
언어적 지시나 설명에 반응함	시범을 보이거나 예나 삽화를 보여주거나 기호로 주어지는 지시에 반응함
체계적이며 변수를 통제하는 실험을 함	임의적이며 제약을 덜 받는 실험을 함
객관적 판단을 함	주관적 판단을 함
계획하고 조직함	유동적이고 즉흥적임
이미 기정사실화된 확실한 정보를 선호함	애매모호하고 불확실한 정보를 선호함
분석적 독자	통합적 독자
사고와 기억을 위해 언어에 의존함	사과와 기억을 위해 이미지에 의존함
말하고 쓰는 것을 선호함	사물과 조작하는 것을 선호함
선다형 시험을 선호함	개방형 문제를 선호함
감정을 통제함	감정에 좀 더 자유로움
신체 언어를 잘 판독하지 못함	신체 언어를 잘 판독함
은유를 거의 사용하지 않음	은유를 자주 사용함
논리적인 문제 해결을 선호함	직감적인 문제 해결을 선호함

---

7) Brown, H. Douglas (2002). Principles of Language Learning and Teaching. Prentice-Hall.

4) 모호성에 대한 관용도(Ambiguity tolerance)

어떤 사람들은 자신들의 견해와 상반된 주의, 사상, 사건, 사실들을 받아들이는데 개방적인 태도(open-minded)를 보이고, 어떤 사람들은 반대로 폐쇄적인 태도(close-minded)를 보여 자신의 견해와 상반된 것을 수용하지 않으려 한다. 전자의 경우 모호성 또는 애매성에 대해 관대한 편(ambiguity tolerance)이고 후자의 경우 관대하지 않은 편이다(ambiguity intolerance). 이들 각각의 인지 유형들은 외국어 습득에 있어 장점과 단점을 동시에 지니고 있다. 모호성 및 애매성에 대하여 관대한 학습자들은 모호성이나 불확실성에 구애를 많이 받지 않기 때문에, 모국어와 여러 가지 면에서 차이점을 보이고, 또한 갖가지 예외적인 규칙들이 존재하는 외국어 습득에 있어 인지적인 면에서나 정의적인 면에서나 유리한 위치에 있을 수 있다. 하지만 지나치게 모호성 또는 애매성에 대한 관용성은 역기능을 초래할 수 있다. 즉, 지나친 모호성 또는 애매성의 관용 및 수용은 자칫 아무렇게 배워도 된다는 식(wish-washy)의 잘못된 인식을 심어줄 수 있고 결과적으로 의미 있는 언어습득에 방해가 될 수 있다. 적절한 수준의 모호성의 관용 및 수용은 위에서 언급한 결점들을 제거해 효율적인 외국어 습득을 가능하게 할 수 있다. 그러나 지나친 불관용(intolerance)은 외국어 습득에 폐쇄적인 태도를 심어주게 되어 오히려 해로울 수 있다. 다시 말하자면, 모호성 또는 애매성의 수용정도가 높은 영어 학습자가 영어 학습에 유리하다. 왜냐면 외국어는 학습자 자신의 모국어와 여러 가지 면에서 다르며 사고방식, 의미와 표현방식, 그리고 문화적인 면에서도 상당 부분 상이할 수 있다. 그런데 영어 학습자가 자신의 기존의 지식과 틀에서 영어와 미국 문화를 폐쇄적으로 인식한다면 영어 학습은 상당한 어려움이 예상된다. 또한 어린이가 성인에 비해 모호성의 관용 및 수용 정도가 더 높다고 할 수 있으며, 이러한 관점에서 어린이가 성인에 비해 영어를 학습하는데 유리하다고 말할 수 있다.

5) 심사숙고형(Reflectivity)과 충동형(Impulsivity)

심사숙고형의 사람들은 특정의 문제를 해결하기 위해 온갖 관련 자료들을 비교, 검토 분석한 후 최종적 결론을 도출해 내며, 충동형의 사람들은 추측이나 짐작과 같은 일련의 직관적인 과정을 거쳐 결론을 도출해 내는 경향이 있다. Kegan(1965)은 심사숙고형의 아동들이 충동형의 아동들에 비해 독해에서 오류를 적게 범하는 것을 발견했다. 그러나 충동형의 학생들은 일기 속도가 빠르고 심리언어학적 추리능력(psycholinguistics guessing game)을 습득해 결과적으로 독해능력이 심사숙고형의 학생들에게 뒤지지 않는 점을 발견했다. Kagan, Pearson, and Welch(1966)의 연구에 의하면 심사숙고형의 학습자들이 귀납적인(inductive) 학습상황에서 효과적인 외국어 습득을 할 수 있을 것이라고 한다. 영어 학습자는 이러한 성향에 부응하여 학습자 자신은 적절하게 자신의 학습 성향과 선호를 연결하여 학습할 필요가 있다. 즉, 심사숙고형의 경우 학습자들에게 충분한 학습과정에서 시간적 여유를 주는 것이 바람직하며 충동형 학습자들이 생성해내는 오류들에 대해서도 보다 관대한 태도를 보일 필요가 있다. 또한 심사숙고형 영어 학습자는 충동적 학습자에 비해 오류를 적게 범하는 경향을 있으며 어린이가 성인보다 충동적 성향이 높으므로 영어 사용의 자신감과 유창성을 기르는 데 보다 효과적일 수 있다. 심사숙고형은 정확성에 충동형은 유창성에 밀접한 관련이 있는 것으로 설명될 수 있다.

2.6. 효과적인 외국어 습득을 위한 제안

H. D. Brown(1994)는 효과적인 외국어습득을 위한 제안을 교사와 학습자의 관점에서 나누어 분류하며, 전략적 능력을 길러주기 위한 제언들을 다음의 두 개의 표에서 설명한다.

<표 7. 좋은 언어 학습을 위한 십계명>

교사용 (Teacher's Version)	학생용 (Learner's Version)
1. 억압을 낮추라 (Lower inhibition)	1. 두려워마라 (Fear not!)
2. 모험 시도를 격려하라 (Encourage risk-taking)	2. 하고자 하는 일에 뛰어들어라 (Dive in)
3. 자신감을 길러라 (Build self-confidence)	3. 자신을 믿어라 (Believe in yourself)
4. 내적 동기를 계발하라 (Develop intrinsic motivation)	4. 그 날 그 날의 기회를 충분히 이용하라 (Seize the day)
5. 협동 학습을 격려하라 (Engage in cooperative learning)	5. 이웃을 사랑하라 (Love they neighbor)
6. 우뇌를 사용하라 (Use right-brain processes)	6. 큰 윤곽을 잡아라 (Get the BIG picture)
7. 애매모호성에 대한 관용을 증진하라 (Promote ambiguity tolerance)	7. 혼란과 무질서를 대면하라 (Cope with the chaos)
8. 직감을 훈련하라 (Practice intuition)	8. 직감에 따라 행동하라 (Go with your hunches)
9. 오류에 대한 피드백을 주어라 (Process error feedback)	9. 실수가 너에게 도움이 되게 하라 (Make mistakes work FOR you)
10. 자신의 목표를 세워라 (Set personal goals)	10. 자신의 목표를 세워라 (Set your own goals)

<표 8. 전략적 기술 기르기>

십계명	관계된 전략들
1. 억압을 낮추어라	추측 게임과 의사소통 게임하기, 역할극과 촌극하기, 노래 부르기, 집단 활동을 많이 하기, 학생들과 함께 웃기, 소집단별로 서로의 두려움을 공유하기
2. 모험 시도를 격려하라	언어 사용을 시도하도록 격려하기 위해 칭찬하기, 오류 및 실수를 범하여도 지적 및 수정 보다는 유창성을 기르기 위해 기다리기, 언어를 교실 밖에서 사용할 수 있도록 하기 위해 교실 밖 과제 주기
3 자신감을 갖도록 격려하라	학습자가 확신하는 것을 언어적으로 또는 비언어적으로 표현하도록 격려하기, 자신들의 장점, 자신이 아는 것 또는 여태까지 성취한 것을 나열해보도록 하기
4. 내적 동기를 기르도록 격려하라	영어 학습을 통해 얻을 수 있는 긍정적인 결과들을 상기 시키기, 영어를 필요로 하는 직업을 기술해 주거나 학생들로 하여금 그런 직업을 찾아보도록 하기, 최종 시험 그 자체보다는 이를 뛰어 넘어서 얻을 수 있는 이점을 할 수 있도록 하기
5. 협동 학습을 증진시켜라	자신들의 지식을 공유하기, 학생 간 경쟁을 줄이기, 학급 전체가 하나의 팀이라고 생각하게끔 하기, 소집단 활동을 많이 하기
6. 우뇌를 활용하라	영화와 오디오 테이프를 활용하기, 글을 빨리 읽도록 지도하기, 훑어 읽기 연습시키기, 빠른 속도로 "자유롭게 작문하기"를 지도하기, 오류-수정없이 많이 말하거나 쓸 수 있도록 하는 유창성 중심의 연습 활동하기
7. 애매모호성에 대한 관용을 증진시켜라	이해가 안 되는 것을 교사나 학생들에게 질문 하도록 격려하기, 이론적 설명은 아주 간단하게 설명하고 가급적 피하기, 한 번에 몇 가지 언어 규칙만 다루기, 단어나 의미를 파악하기 위해 모국어로 번역시키기
8. 학습자들의 직감을 이용하도록 하라	추측을 잘 했을 때 칭찬하기, 오류-수정만으로 충분하므로 오류에 대한 설명을 항상 하지 말기, 학습에 저해되는 몇몇 오류만 선택적으로 수정해주기

9.	학습자 자신의 실수를 학습에 도움되게 하게끔 하라	학습자의 발화를 녹음하여 자신의 오류를 찾아보도록 하기, 올바른 언어형태를 항상 제시하지 말고 학생들 스스로 오류를 찾아서 수정해 보도록 하기, 자주 범하는 오류를 나열해 보고 이러한 오류들이 학습에 도움이 되게 이용할 수 있도록 고무하기
10.	학습자 스스로 자신의 목표를 세우게 하라	교실 수업 목표를 뛰어 넘어 넘을 수 있도록 명시적으로 고무하거나 지도하기, 특정한 일주일 기간 동안에 성취하려고 하는 것을 나열해 보도록 하기, 집에서 언어를 공부하기 위해 특정 시간을 할당하도록 지도하기, "별도로 점수를 줄 수 있는 " 과업 부여하기

Rubin (Rubin & Thompson, 1982)은 학습자의 성격, 유형, 전략 측면에서 우수한 언어 학습자는 어떤 학습자인지를 연구하여 그 특징들을 14개로 요약 정리하였다. 그 특징은 다음과 같다.

① 스스로 언어 학습 방법을 찾음으로써 자신이 학습의 주체가 된다.

② 언어에 대한 정보를 조직 및 구성해 간다.

③ 창조적이다. 그래서 문법과 단어들에 대한 실험을 통해 언어에 대한 직감 (feel)을 키워 간다.

④ 교실 안과 밖에서 언어를 사용할 수 있는 연습의 기회를 만든다.

⑤ 모든 단어를 알지 못하더라도 당황하지 않고 책을 읽어나가거나 말을 계속 하거나 들음으로써 불확실한 것을 수용하면서 사는 법을 배운다.

⑥ 학습한 내용을 상기하기 위해 기억 도모 수단 (mnemonics

device)과 다른 기억 전략들을 사용한다.

⑦ 오류가 학습에 저해가 되는 것이 아니라 도움이 될 수 있도록 사용한다.

⑧ 모국어 습득을 통해 얻은 지식과 노하우를 외국어 학습에 적용한다.

⑨ 문맥적 단서들을 청해나 독해에 활용한다.

⑩ 지적인 추측을 하는 법을 배운다.

⑪ 학습자 자신의 언어적 능력을 뛰어 넘어 언어를 사용할 수 있도록 언어의 묶음을 하나의 전체나 공식화된 일상적 말로 배운다.

⑫ 대화가 지속할 수 있도록 도와주는 언어적 기법을 배운다.

⑬ 자신의 언어 능력의 부족한 부분을 채워 줄 수 있는 특정 표출 전략 (production strategy)을 배운다.

⑭ 다양한 발화와 작문 유형을 배우고 얼마나 공식적인 상황인가에 따라 적절하게 언어를 변화시키는 것을 배운다.

영어 학습전략의 총체적 자아진단

레베카 옥스퍼드 (R. Oxford)의 SILL (Strategy Inventory for Language Learning)을 해 보면 지금까지 당신이 사용해 온 당신의 학습 방법을 분석할 수 있다. 아래의 문장을 읽고 그 문장이 당신을 설명하는 정도에 따라 체크하면 된다. 1, 2, 3, 4, 5 중에서 자기에게 해당하는 것을 Part A부터 F까지 각 항목에 적는다.

> \<SILL 테스트\>
> 1. 거의 항상 그렇지 않다 (Never or almost never true of me)
> 2. 일반적으로 그렇지 않다 (Usually not true of me)
> 3. 어느 정도는 그렇다 (Somewhat true of me)
> 4. 일반적으로 그렇다 (Usually true of me)
> 5. 거의 항상 그렇다 (Always or almost always true of me)

지금부터 각 문장을 읽고 해당 번호에 표시하기 바랍니다.

≫ Part A

1. 나는 영어로 새로운 것을 배울 때 이미 알고 있는 지식과 관련시켜서 생각한다.
2. 나는 새로운 영어단어를 기억하기 위해 문장 안에 그 단어를 사용한다.
3. 나는 새로운 영어 단어를 기억하기 위해 그 단어의 소리와 그 단어가 가지는 이미지나 그림을 연결시킨다.
4. 나는 새로운 단어가 쓰일 수 있는 상황을 머릿속으로 그리며 그 단어를 기억한다.

5. 나는 새로운 단어를 기억하기 위해 리듬을 이용한다.
6. 나는 새로운 단어를 기억하기 위해 단어장을 이용한다.
7. 나는 몸으로 연기하면서 새로운 단어를 배운다.
8. 나는 영어 수업을 자주 복습한다.
9. 나는 새로운 단어가 쓰인 page상의 위치, 칠판위의 위치, 또는 거리의 간판의 위치로 그 단어를 기억한다.
10. 나는 새로운 단어를 여러 번 말하거나 쓴다.

≫ Part B

11. 나는 영어원어민처럼 말하려고 노력한다.
12. 나는 영어의 소리 (발음/억양/intonation) 을 연습한다.
13. 나는 알고 있는 영어단어를 여러 가지 다른 상황 안에서 사용한다.
14. 나는 대화를 영어로 시작한다.
15. 나는 영어로 하는 TV나 영화를 본다.
16. 나는 공부와 관련 없이 평상시에 내가 좋아서 영어소설/잡지/신문 등을 읽는다.
17. 나는 영어로 메모, 편지, 레포트 등을 적는다.
18. 나는 영어를 읽을 때 처음에는 대충 빨리 훑어보고 나서 다시 천천히 주의해서 읽는다.

19. 나는 새 영어 단어와 비슷한 한국어 단어를 생각한다.

20. 나는 영어의 반복되는 구조를 알기위해 노력한다.

21. 나는 영어 단어의 의미를 그 단어안에 있는 접두사/접미사 등으로 분류하여 알아낸다.

22. 나는 영어를 읽을 때 단어 하나하나를 한국어로 번역하지 않으려고 노력한다.

23. 나는 영어로 듣거나 읽은 것을 요점 정리한다.

>> Part C

24. 나는 잘 모르는 영어단어가 나오면 사전을 찾지 않고 추측한다.

25. 나는 영어로 대화 시 단어가 생각나지 않으면 몸짓(gesture)을 이용한다.

26. 나는 영어로 표현하고 싶은 말이 생각이 안 나면 새로운 말을 지어낸다.

27. 나는 영어로 읽을 때 새로운 단어를 모두 찾지는 않는다.

28. 나는 영어로 말할 때 상대방이 다음엔 뭐라고 말할지 미리 추측하려고 한다.

29. 나는 영어로 대화 시 단어가 생각이 나지 않을 때 비슷한 뜻이 있는 단어 나 구를 사용한다.

>> Part D

30. 나는 영어을 쓰기 위해 가능한 많은 방법을 찾으려고 노력한다.

31. 나는 나의 영어실수를 알고, 그 실수를 이용하여 더 잘하도록 한다.
32. 나는 다른 사람이 영어로 말할 때 주의를 집중시킨다.
33. 나는 더 좋은 영어 학습자가 되는 방법을 찾으려고 노력한다.
34. 나는 영어 학습시간을 많이 가질 수 있도록 나의 스케줄을 계획한다.
35. 나는 영어로 대화할 수 있는 사람을 찾는다.
36. 나는 가능하면 많이 영어로 읽을 수 있는 기회를 찾는다.
37. 나는 나의 영어실력을 높이기 위한 뚜렷한 목표가 있다.
38. 나는 나의 영어학습의 향상(진전)을 생각한다.

≫ Part E

39. 나는 영어로 말하는 것이 두려울 때마다 긴장을 풀려고 노력한다.
40. 나는 실수하는 것이 두려워도 영어로 말하려고 자신에게 용기를 준다.
41. 나는 영어를 잘했을 때 나에게 상을 준다.
42. 나는 영어를 할 때 내가 긴장하고 있는 것을 느낀다.
43. 나는 영어학습 일기에 나의 감정을 기록한다.
44. 나는 영어를 공부할 때 나의 영어와 관련된 감정을 다른 사람과 이야기한다.

≫ Part F

45. 나는 영어로 말하는 것을 못 알아들었을 때 상대방에게 천천히 또는 다시 말해달라고 요청한다.
46. 나는 영어로 대화 시 상대방에게 내가 틀렸을 때 고쳐달라고 한다.
47. 나는 다른 학생들과 같이 영어를 연습한다.
48. 나는 말할 때 잘 모르는 것이 있으면 도움을 청한다.
49. 나는 영어로 물어본다.
50. 나는 영어원어민의 문화를 알려고 노력한다.

≫ 채점방식

Part A	Part B	Part C	Part D	Part E	Part F	전 체
1._____	10._____	24._____	30._____	39._____	45._____	합계
2._____	11._____	25._____	31._____	40._____	46._____	A._____
3._____	12._____	26._____	32._____	41._____	47._____	B._____
4._____	13._____	27._____	33._____	42._____	48._____	C._____
5._____	14._____	28._____	34._____	43._____	49._____	D._____
6._____	15._____	29._____	35._____	44._____	50._____	E._____
7._____	16._____		36._____			F._____
8._____	17._____		37._____			
9._____	18._____		38._____			
	19._____					
	20._____					
	21._____					

	22.____ 23.____						
Part A	**Part B**	**Part C**	**Part D**	**Part E**	**Part F**	**합계**
합계	합계	합계	합계	합계	합계	합계
____	____	____	____	____	____	____
÷9	÷14	÷6	÷9	÷6	÷6	÷50
____	____	____	____	____	____	____
					평 균 ____	

각 파트마다 빈칸의 숫자를 합하여 따로 따로 합계를 내어 각각의 합을 계산한다. 각각의 점수를 아래의 표로 그래프를 그려본다. 그래프를 보면서 어떤 부분이 늘고 어떤 부분이 낮은가를 알아보면서 자신의 학습 전략을 알아보고 개선한다. 각 Part별로 그래프를 그려보고 해당 전략의 현재상태를 점검하고 각 분야를 최고로 올리도록 노력해야 한다.

<점수해석 : 점수를 아래와 같이 해석한다>

- 4.5에서 5.0까지 : 아주 높음 (해당 전략을 항상 또는 거의 언제나 사용함을 의미)

- 2.5에서 3.4까지 : 중간정도 임 (해당 전략을 때때로 사용함을 의미)

- 1.5에서 2.4까지 : 낮음 (해당 전략을 일반적으로 사용하지 않고 있음을 의미)

- 1.0에서 1.4까지 : 아주 낮음 (해당 전략을 전혀 또는 거의 사용하고 있지 않음을 의미)

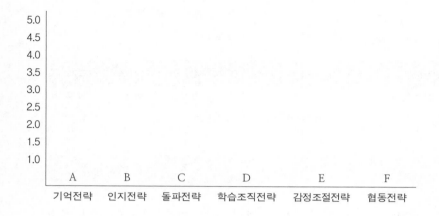

A	B	C	D	E	F
기억전략	인지전략	돌파전략	학습조직전략	감정조절전략	협동전략

2.7. 영어 학습전략을 위한 제안

1) 적극적인 영어학습법을 활용하도록 노력하라

무엇보다도, 적극적 영어학습자는 자신의 영어 학습에 대한 목표를 세워야한다. 일일 및 주 단위 학습계획표, 더 나아가 월 단위 영어 학습 표를 만들고 영어를 공부하기 위해 특정 시간을 할당하는 훈련이 필요하다. 둘째, 자신감을 가지고 영어를 학습할 수 있으리라는 확신을 가질 필요가 있다. 셋째, 영어의 상세하고 자세한 사항들을 정확하게 이해하는 것도 중요하지만, 영어를 부분이 아닌 전체 그대로 받아들이고 전반적인 핵심 및 요지를 파악하는 것도 중요하다. 넷째, 학습자의 언어수행에 관하여 남을 의식하고 자신의 언어수행을 지나치게 감시하기 보다는 자신의 생각과 의견을 자유롭게 영어로 표현하는 것이 보다 더 중요하다는 사실을 인식해야한다. 다섯째, 실수와 오류를 잘못이라고 생각하기 보다는 발전이라는 긍정적 개념을 가지고 영어 학습에 도움이 되도록 사용해야한다. 여섯째, 교실 안에서의 영어활동뿐만 아니라 교실 밖에서도 영어를 사용할 수 있는 연습의 기회를 만들어야 한다.

2) 외향적 성향의 영어 학습전략을 활용하라

외향적 영어 학습전략을 함양하기 위해서는 첫째, 모험시도가 적극 격려되어져야 한다. 우리의 현 교육적 환경은 정답을 찾기 위해서 정확하지 않은 것을 추측 (guess)하려는 시도를 격려하지 않는다. 그러나 영어학습자는 자신이 아는 영어에 관한 지식보다 조금 높은 수준의 영어를 습득하기 위해 적절한 추측을 해야 한다. 그리고 문맥적 단서들을 원용해서 영한사전을 찾지 않고도 그 의미를 이해하려고 시도해야 한다. 둘째, 효과적인 영어 학습은 상호작용으로 이루어져야 한다. 상호작용은 학습자가 서로 메시지를 주고받고, 맥락 속에서 그 의미를 파악하며, 서로의 이견을 좁히기 위해서 서로 그 의미를 협상하며, 상호작용의 목표를 달성하기 위해 서로 협력한다. 영어 학습은 이러한 상호작용을 바탕으로 이루어진다. 학습자들 간의 상호작용뿐만 아니라, 영어 학습은 교육적 환경과의 상호작용으로도 보다 더 효과적일 수 있다. 외향적 성향의 학습자는 영어 학습에 있어서 상대방 및 교육적 환경과의 상호작용의 중요성을 인식해야 하는 것이다. 셋째, 외향적 학습자는 단순히 문법적인 능력뿐만 아니라, 의사소통능력 (사회언어학적 능력, 화용적 능력, 그리고 책략적 능력)을 함양하려고 노력해야 한다. 문법적 능력이 영어문장과 이 문장을 읽고 분석하는 학습자와의 관계에서 중요한 부분이라면, 의사소통 능력은 이러한 문법적 능력뿐만 아니라, 이러한 문법적 능력의 사용에도 관심을 보여야 한다 (Brown, 2000). 따라서 문법적 능력이 목표로 했던 정확성만이 아니라, 유창성 (fluency)과 진정성 (authencity)도 영어 학습의 목표가 되어야 한다. 이러한 목표들이 의사소통의 능력의 목표라고 할 수 있다. 이러한 목표를 이루기 위해서는 영어를 사용할 수 있는 공간을 형성해야 하고 실생활에 접목하려는 노력이 필요하다. 따라서 자연적인 학습 (natural learning)과 대화 (face-to-face conversation)을 통한 영어 습득이 이루어져야 한다.

3) 적절한 학습조직전략을 강화하라

첫째, 배운 영어를 활용하기 위해 가능한 많은 방법을 생각해 본다. 수업시간을 통하여 또는 수업외의 시간을 통하여 학습한 영어를 활용할 수 있는 방법을 모색하는 것이 상당히 중요하다고 할 수 있다. 그저 기억하는 수준을 머무르지 말고 활용할 수 있는 기회를 찾는 것은 영어학습자에게는 아주 중요한 것이라고 할 수 있다. 둘째, 실수를 하면 잘 알아채고 그 실수를 오히려 발전의 기회로 삼는다. 영어 학습에서 실수를 잘못 또는 무능력으로 인식하기 보다는 더 잘 할 수 있는 발전의 과정이라고 생각하는 것이 영어 학습자들에게 중요한 것이라고 할 수 있다. 셋째, 다른 사람이 영어로 말할 때 주의를 기울여 듣는다. 남녀학습자 모두에게 동료의 영어학습의 방법은 아주 좋은 모델이 될 수 있음으로 주의 깊게 관찰하고 본인에게 도움이 되는 영어 학습방법은 반드시 적용해

보려는 노력이 필요하다. 따라서 상대방의 영어로 말하거나 읽거나 쓰는 발표 등은 아주 중요한 영어 학습발전의 원천이 될 수 있다. 넷째, 보다 나은 영어 학습자가 되기 위해 노력한다. 현재의 영어 능력에 만족하지 않고 더 나은 영어실력을 가지기 위하여 부단히 노력하는 학습자가 되기 위하여 영어 학습조직 전략을 연구하고 실행하여야 한다. 다섯째, 보다 많은 영어 학습 시간을 얻기 위해 생활계획을 철저히 세운다. 꾸준한 영어 학습을 위하여 체계적이고 정기적인 학습을 위한 계획은 남녀학습자 모두에게 아주 중요한 것이다. 여섯째, 영어로 대화를 나눌 수 있는 대상을 찾으려 노력한다. 학원이나 아니면 영어 학습동아리를 통하여 외국인이던 한국인이던 가능한 한 영어로 주어진 시간에 대화하고 발표하는 기회를 찾는 것이 영어 학습조직 전략에서는 상당히 중요한 과정이다. 일곱째, 영어읽기 활동을 할 기회를 가능한 많이 구한다. 영어학습자 수준에 맞는 영어읽기를 통하여 영어능력을 향상할 수 있다. 인터넷이나 영어신문 및 잡지 또는 전공서적을 피하기보다는 과감하게 부딪혀 읽어보려는 노력이야 말로 영어 학습조직 전략에서 아주 중요한 방법이라고 할 수 있다. 여덟째, 영어를 배워야 할 목적이 뚜렷하다. 영어학습의 확실한 목적이 실현가능한 방법을 제시할 수 있다. 마지막으로, 영어 학습에서의 향상에 관해 생각한다. 영어읽기에서 수준이 올라간다든지, 듣기가 훨씬 용이해진다든지 등등 영어학습자의 영어능력 향상에 대해 주의 깊게 분석하고 그 차이를 점검하면서 향상의 과정을 모니터하는 습관이 중요하다.

4) 협동전략을 적극 활용하라

첫째, 이해를 잘 못할 때에는 다시 말해주거나 말하는 속도를 조금 늦추어 달라고 부탁한다. 일단, 대부분의 학습자들은 원어민과의 대화 또는 한국인교사와의 영어 수업 시 이해를 못하는 부분이 있으면 다시 말해주거나 천천히 말해달라고 부탁하는 것에 대한 큰 부담을 가지고 있다. 이것은 한국의 문화적 상황에서 상대방의 말을 이해해주는 것이 예의이고 이해 못하는 표정을 짓거나 이해 못한다고 하면 실례가 될까봐 그냥 지나치는 경향이 있을 수 있다. 그러나 외국어이기에 이해부족이나 실력부족은 당연하다고 생각하고 당당하게 본인의 이해정도를 상대방에 알려주는 것은 협동전략에서 아주 중요한 것이다. 둘째, 말할 때 틀린 부분을 고쳐달라고 부탁한다. 상대방에게 본인의 영어능력의 지적을 받으면 상당히 좌절하거나 기분이 상할 수 있으나, 처음에 이러한 부탁을 전제로 한다면 상대방의 오류-수정 (error-correction)은 상당부분 영어학습자에게 도움이 될 수 있다. 셋째, 친구들과 함께 연습한다. 협동전략중의 하나인 그룹스터디 (group study)은 서로의 정보를 공유하고 서로의 장점 및 약점을 강화 및 보완할 수 있는 좋은 기회로써 적극 사용되어야 한다. 넷째, 원어민에게 도움을 요청한다. 영어학습자의 영어능력을 평가하고 활용하기 위해서 주변의 원어민을 통하여 학습자의 영어능력에 대한 점검을 요구할 수 있다, 더 나아가 원어민에게 도움을 요청함으로써 함께 문제를 해결할 수 있는 상황 (problem-solving situation)을 만들어 감으로써 한 차원 높은 영어학습 분위기를 조성할 수 있다. 다섯째, 영어로 질문한다. 원어민과의 대화 또는 한국인과의 영어대화에서 그저 듣기만 하기 보다는 적극적인 질문을 만들고 그 질문에 대한 답변을 듣고 더 나아가 그 답변에 대한 동의 및 반박을 통하여 협동분위기를 조성한다. 여섯째, 영어권 문화를 익히고자 노력한다. 단순히 영어라는 언어만을 배우려고 하기 보다는 그 언어가 속한 문화적 배경을 학습한다면 그 문화에 속한 원어민과의 적극적인 친밀감을 한층 강화할 수 있다. 영어학습자는 단순히 단어 (word)만을 학습하는 것이 아니고 그 단어가 속한 세계 (world)까지 학습해야 하는 것이다 (Freire, 1978).

5) 돌파전략을 보다 더 적극적으로 활용하라

많은 영어학습자가 돌파전략을 중요한 영어 학습전략으로 인식한다. 영어 학습에서 돌파전략을 효과적 및 적극적으로 사용하기 위해서는 첫째, 친숙하지 않은 어휘는 추측을 통해 이해해야 한다. 추측을 보다 효과적으로 하기 위해서는 문맥적의 실마리를 잘 활용해야 되고 직감을 이용해야 한다. 모르는 영어단어를 접하더라도 당황하지 않고 문맥의 전후 관계를 이해하여 전체적인 뜻을 추측해 보는 것이 필요하다. 둘째, 준언어적 및 비언어적인 지시를 사용해야 한다. 영어학습자는 기억이 나지 않거나 의미를 잘 파악하지 못하는 단어나 문장을 접하였을 때는 표정이나 손짓을 이용하여 그 뜻을 전해야한다. 다시 말해, 준언어적 실마리 (쉼, 강세, 어조, 억양)의 사용 또는 비언어적 지시 (몸짓, 표정, 동작)는 영어로 하는 대화를 계속적으로 이끌고 갈 수 있으며 상대방에게 정확한 단어와 문장의 사용이 아니더라도 의미를 전달할 수 있는 힘이 있다. 셋째, 적절한 영어 단어가 생각나지 않을 때는 의미가 통하는 말을 만들어 낼 수 있어야 한다. 이러한 전략을 영어학습의 의사소통전략에서 신조어 (word coinage)라고 일컫는다. (예, vegetarian ⇒ vegetarianist) 또는 비슷한 의미의 어휘를 과감하게 사용할 줄 알아야 한다 이러한 의사소통전략은 근접어 (approximation)라고 한다 (예, mansion ⇒ house). 그 외 새로운 단어를 만들기도 힘들고 비슷한 단어를 제시하기도 어려울 때는 우회적 화법 (circumlocution)을 사용할 수 있어야 한다 (예, mousetrap ⇒ the thing you can kill a mouse). 넷째, 모르는 영어 단어나 문장을 접하더라도 사전을 참조하지 않고 이해할 필요가 있다. 사전을 참조하기 보다는 추측이나 문맥적 실마리를 이용하여 이해할 필요가 있다. 더 나아가 불확실한 것 (uncertainty)을 받아드리고 애매모호한 것 (ambiguity)에 대한 관용을 가질 필요가 있는 것이다.

Ⅲ. 실제적 창의적 영어 학습활동

>>>>>>>>>

Ⅲ. 실제적 창의적 영어 학습활동

1. 창의적인 학습

영어교육현장에서 창의력 (creativity)은 영어교수 및 학습과 상당부분 관련이 없다고 생각을 한다. 대신 창의력 향상이라는 것은 모국어 교수와 학습과 밀접한 관련을 가지고 있다고 믿는다. 그러나 창의력을 이용한 외국어 학습은 학습자로 하여금 강한 동기유발과 숨겨진 언어적 능력뿐만 아니라, 독특한 개인의 생각을 이끌어 낼 수 있는 잠재적인 역량을 가지고 있다. 단순히 외국어 교육이라는 것이 언어적인 면에 초점을 두고 암기하고 반복하여 습득하기 보다는 언어라는 것은 창의적인 생각을 이끌어내는 수단이라는 사실을 인지함으로써 보다 더 높은 수준의 언어적 능력을 함양해야 된다는 사실을 이해하는 것이다. 이러한 맥락에서 창의교육의 선두주자인 길포드 (Gilford, 1968) 교수는 그동안 창의력이라는 것은 학습자의 수렴적인 능력 (convergent ability)과 밀접한 관련이 있었다고 주장한다. 즉, 오로지 저자나 선생님이 정해놓은 정답만을 찾기 위해 획일적이고 수렴적인 생각과 능력을 함양하였다는 것이다. 이에 반해 Gilford (1968)는 창의력과 밀접한 관련이 있는 것은 수렴적인 능력 (convergent ability) 이라기 보다는 발산적인 능력 (divergent ability) 이라고 주장한다. 발산적인 능력은 첫째 누구나 보편적으로 생각하는 틀을 벗어날 수 있도록 격려한다. 한번쯤 생각의 틀을 바꿔보면 또 다른 세상을 볼 수 있는 눈을 가지게 되는 것이다. 둘째, 문제를 풀 수 있는 (problem-solution) 시각을 다양하게 제공할 수 있다. 셋째, 오로지 정답 하나만이 받아들여지는 상황에서 다양한 답을 도출할 수 있는 능력을 제공한다. 이러한 발산적 능력은 영어교육에서 상당히 중요한 것이고 이것은 창의력과 밀접한 관련이 있다. 이러한 발산적 능력을 향상시키기 위해서 길포드는 유창성 (fluency), 유연성 (flexibility), 정교성 (elaboration), 그리고 독창성 (originality)의 4단계 접근방법을 제시한다. 이 책에서는 그러한 4단계 접근방식에 근거한 다양한 영어교육과 창의성을 연결시키는 활동들을 제시하고자 한다. 먼저 창의성의 개념을 정리해보고자 한다.

1.1. 창의성의 개념

교육현장에서 창의성의 중요성은 그 어느 때보다도 우리의 교육
현장에서 중요한 자리매김을 하고 있다고 해도 과언이 아니다. 백
명의 사람들에게 창의성의 개념에 대하여 답하도록 한다면 아마도
백 개의 다른 답변이 나올 수 있을 것이다 (Bowkett, 2007). 전에
많은 학자들은 창의성이란 개개인에게 주어진 천부적인 자질 또는
재능으로서 본 경향이 많았지만, 현재는 창의성이란 특별한 개개인
에게 주어진 일반적인 능력이나 재능이라기보다는 지적 능력의 복
합체로 보는 경향이 많다 (Guilford, 1968).
Gilford (1968)는 창의성이란 새롭고 신기한 것을 낳는 힘으로서 정
도의 차이는 있을지라도 모든 사람들이 공유하는 것이라고 정의
내렸다.

창의성에 관한 가장 대표적인 개념은 Torrance (1962)가 정의한
것이라 할 수 있는데, 그는 창의성이란 아무도 전에 보지 못하고
존재하지 않은 뭔가 새로운 창조적인 것이라고 정의하였다. 따라서
창의성이란 전통적인 사고와 틀에 박힌 양식을 부수고 중심 궤도
에서 벗어날 수 있는 모험적인 사고 및 생각을 할 수 있도록 이끈
다. 더 나아가 이러한 창의적인 사고행동은 우리를 창안, 발견, 호
기심, 상상, 경험, 탐험 등을 통하여 우리가 전에 전혀 경험해 보지
못한 보다 더 나은 생각들을 할 수 있게끔 한다. 그 외에도 창의성
에 대한 정의는 여러 학자들에게 정리되어졌다. Thurston (1999)은
특정인에게만 국한된 재능이 아니라 모든 사람들이 소유할 수 있
는 새로움이라고 말하였고, Osborn (1963)는 인간 모두가 가지고

있는 보편적인 능력으로서 당면한 문제와 상황을 새롭고 특유한 방법으로 해결해 나가도록 도와주는 것이 창의성이라고 정의한다. Urban (1997)은 창의성은 새롭고, 신기하고, 독창적인 산물을 만들어내는 능력이라고 말한다. 위의 학자들이 정의한 창의성의 개념의 공통점은 새로운 것을 발견 하는 것이다. 이러한 발견은 창의적 사고 행동에 가치를 두고 지지하는 교육현장의 분위기와 교과과정 및 교사의 적절한 피드백을 통하여 한층 더 동기 부여될 수 있다. 이러한 맥락에서 창의성이란 특정 및 소수의 학생들만이 소유한 천부적인 재능이라기보다는 누구나 소유할 수 있는 보편적인 지적 능력이라고 정의 내릴 수 있다. 이러한 맥락에서, 영어교육에서의 창의력이란 언어적 측면에서 뛰어남을 뜻하는 것뿐만 아니라, 영어 학습자 자신의 생각과 의미를 언어 능력의 부족 및 제한에도 불구하고 최대한 표출 시키는 적극적인 학습자가 되는 것이다. 다시 말해, 창의적인 영어학습자는 현재 자신의 영어능력을 가지고 자신의 생각과 의미를 영어로 부끄럼 없이 또는 자신 있게 표현하고 교사 및 동료들과 자신의 아이디어를 공유하고 피드백을 통하여 자신의 아이디어를 재고 및 발전시키는 것이다.

1.2. 충분한 인식에 비해 적은 실천

영어교육현장에서는 창의성의 중요성은 상당부분 인정되지만, 그다지 별다른 활동은 보이지 않는다. 전에는 이러한 창의적 사고계발은 수업시간에 할당된 교과내용을 학습하면 자동적으로 얻을 수 있는 영역이라고 생각해서 그다지 적극적인 연구와 교수계발이 이루어지지 않은 것 또한 사실이었다. 양용칠 (1999)은 특히 외국어로서의 영어수업에서 교과내용은 다른 미술, 음악, 과학 그리고 국어교과목과 달리, 기초영역 (문법, 단어, 발음 등등)에 초점을 두고 그 분야를 교수 및 학습하고자 하는데 수업의 많은 시간과 노력이 투자된다고 지적한다. 이때 영어수업 속에서의 창의적 사고계발은 뒷전에 밀릴 수밖에 없는 실정이라고 주장한다. 손중선과 김정삼 (2007)은 초등영어 교과과정 속에서 현 교육의 방향에 힘입어 창의성 교육에 대한 연구와 적용이 많이 강조되어지고 있는 것은 사실이지만 영어교육 상황 속에서 이루어지는 영어 교육에서 학생들의 창의적 사고계발을 발전시킬 방법을 찾기란 그리 쉬운 일이 아니라고 주장한다. 그보다는 오히려 영어의 기초 능력, 즉, 언어적 능력을 키우는 것이 더 시급한 실정이라고 설명한다. 사실상, 다른 교과목과는 달리, 영어교육현장에서 창의성이라는 것은 상당히 접근하기가 어려운 분야라고 생각되어진다. 왜냐면, 영어의 기초적 능력이 부재한 상태에서 창의성을 계발하려고 하는 것은 상당히 무모한 행동으로 보일 수 있기 때문이다. 따라서 영어의 기초적 능력을 함양하는 데에는 창의적 사고계발은 그다지 필요하지 않은 것으로 보일 수 있다.

이 장에서는 창의성이 왜 한국의 영어교육 현장에서 그다지 중요한 역할을 담당하지 않는지를 현실적 상황을 고려하여 다음과 몇 가지 관점에서 생각하여 보았다.

첫째, 시간의 부족이다. 왜냐면, 이미 꽉 찬 교과과정 속에서 많은 영어교사들이 영어라는 언어 자체 만에 초점을 두기에도 버

거운 상황이라고 여기기 때문일 것이다. 영어문법, 단어, 독해 및 번역능력과 같은 언어적인 면을 먼저 숙달한 후 그 다음에 시간이 되고 여유가 생기면 창의성의 개념을 생각해도 된다는 생각이 지배적일 수도 있다. 다시 말하자면, 우리의 영어교육현장에서 창의성이라는 개념을 다루기에는 사실상 "사치 (luxury)"라는 생각이 있을 수 있다.

둘째, 영어수업이 정확성을 향한 오류-수정에 많은 관심을 보이는 한 창의성을 계발하기 위한 영어수업은 뒷전에 밀릴 수밖에 없는 것이다. 영어 수업이 단어, 문법, 번역, 발음과 같은 언어적인 형식을 중요시 여기는 오류-수정은 정확성을 목표로 둔다. 이러한 정확성에 목표를 둔 영어 수업은 오류를 발생되어서는 안 되는 요소로 인식하는 경향이 있다. 반복과 연습을 통한 오류-수정은 학생들의 창의적 사고를 요구하는 영어의 유의미적 접근과는 거리가 멀다. 영어학습자는 언어적 오류에 대한 두려움으로 자신의 생각과 뜻을 표출하는데 제한을 받을 수 있다. 영어교육은 영어의 규칙에 지배를 받는 형태를 숙지하는 것도 중요하지만, 모국어뿐만 아니라 외국어 습득에 절대적인 요소인 유의미함의 중요성을 인식하는 것 또한 중요하다 (Ausubel, 1963).

셋째, 창의성에 관한 잘못된 믿음, 즉, 통념이 교육 행정가들과 교육자, 심지어 학생자신을 지배한다. 통념이란 사실이 아닌데 모든 사람들이 사실로 믿고 있는 잘못된 신념이라고 할 수 있다. 그 중 대표적인 것은 창의성은 소수에게만 주어지는 재능이라는 것이다 . 때문에, 창의적이기 위해서는 반드시 학생들은 똑똑해야만 하는 것이라고 믿는다. 이러한 통념은 창의적인 사고는 훈련된, 체계적, 조직적 또는 논리적인 것이 아니라, 생각이 떠오를 때 까지 영감을 기다려야 된다고 믿는다. 이러한 이유로 인해서 창의성을 개발하고자 하는 교육자 및 학생 자신들조차도 창의적인 사고기술은 가르쳐질 수 없는 것이라고 믿게 되는 것이다 (Bowkett, 2007).

1.3. 수렴적인 사고행위와 발산적 사고행위

많은 영어 교사들은 영어를 좌 뇌의 특성인 수렴적인 사고 행위를 통해서 학습 및 습득되어질 수 있다고 생각한다. 수렴적인 사고행위는 영어의 기초적인 능력을 함양하는데 효과적인 교수방법이라는 생각이 지배적이다. 따라서 수렴적인 영어교수 및 학습은 문제가 요구하는 결정된 단 하나의 정답만을 찾기 위해 노력한다. 물론 정답을 알아내기 위한 사고행위는 외국어로서 영어를 학습하는 학습자에게는 일반적으로 본질적인 과정이다. 수렴적인 사고행위는 교사와 교재가 요구하고 필요로 하는 정답을 알아내기 위해서 나타나는 사고행위이다. 따라서 영어교육현장에서는 이러한 수렴적인 사고행위를 향상시키기 위해서 영어 활동은 문법, 객관식 질문, 연결하기, 문장배열, 관련 없는 문장 빼기 (dehydrated sentences), yes/no 질문, true/false 질문 등이 이 영역에 속한다.

반면 수렴적인 사고행위와 상응하는 발산적인 사고행위는 아이디어를 사정, 개발, 선택하기 위한 기법이 아니라 아이디어들을 많이, 다양하게 그리고 독특하게 생성하기 때문에 전혀 다른 개념을 가진다 (김영채, 2007). 이러한 이유로 인해, Guilford (1977)는 발산적인 사고행위는 세 가지 관점에서 창의성과 가장 밀접한 관계가 있다고 주장한다. 첫째, 발산적 사고행위는 여러 다른 방향으로 정해진 "길을 벗어나거나," 둘째, 문제-해결 상황 속에서 방향의 변화를 가능케 하고, 셋째, 하나 이상의 답이 있는 곳에서 다양한 답변으로 이끌고 갈 수 있다. 발산적 사고행위에 초점을 둔 활동들은 문장 만들기, 열거하기, 문장 및 문단 완성, 역할극, 문제-해결 등이 이 영역에 속한다. 다시 말하자면, 발산적인 능력은 다양한 정답이 나올 수 있는 활동들에 집중한다. 따라서 이러한 능력은 다양한 답변이 생산될 수 있는 것이다. 이러한 능력의 대표적인 활동들은 다음과 같다.

- sentence-builder formats (주제를 가지고 관련된 문장 완성하기)
- list-making activities (주제에 관한 다양한 내용을 열거하기)
- sentence-or paragraph-completion activities (일부 제시된 문장 또는 미완성된 문장을 다양한 내용을 삽입함으로써 완성하기)
- paragraph writing (쓰기)
- role-plaing activities (역할극)
- problem-solving activities (문제-해결)
- debates (논쟁)
- unstructured conversations (비형식적인 대화)

비록 이 두 가지 언어 생산능력이 외국어를 습득하는데 필수적인 요소라 할지라도, 발산적 (divergent) 언어능력이 외국어 능력에서 다양한 아이디어와 의미전달에 있어서 보다 중요한 요소라고 할 수 있다. 또한 발산적 언어능력은 외국어를 배우는 학습자의 선험지식 (prior knowledge)을 촉진시키는 데에 있어서 중요한 역할을 담당한다.

1.4. 영어수업과 창의적 사고기술의 발달

많은 학자들은 창의성 (creativity)을 개개인이 가지고 있거나 가지고 있지 않은 일반적인 능력이나 재능이라기보다는 지적능력의 복합체로 간주한다. Gilford (1977) 는 이러한 관점이 창의성의 중요한 요소라는 관점을 견지한다. 그는 모든 다른 지적능력들을 설명하고 완수하는 일반적인 지적능력으로써의 지능을 이해하기보다는 120가지의 지적 능력을 가설화하였고 그것을 3가지 분류의 구조-지능 모델 (Structure-of-Intellect Model)을 구성 조직하였다.

Gilford (1977)의 발산적 사고행위 (divergent thinking behaviors)는 창의성과 가장 밀접한 관계를 가지고 있기 때문에 반드시 논의해야할 가장 중요하며 적합한 영역이라고 주장한다. 발산적 사고행위는 여러 다른 방향으로 정해진 "길을 벗어나거나," 문제-해결 상황 속에서 방향의 변화를 가능케 하고, 하나 이상의 답이 있는 곳에서 다양한 답변으로 이끌고 갈 수 있다. 이러한 발산적 사고행위는 주어진 임무의 요구와 교재에 의해서만 오로지 결정된 단 하나의 정답만을 요구하는 과정의 형태인 수렴적인 사고행위 (convergent thinking behaviors)와 대조를 이룬다. Gilford (1977) 는 창의적인 행위와 밀접한 관련이 있는 발산적 사고행위의 다양한 요소들을 체계적으로 이론화 하였다. 첫 번째 유창성 (fluency)은 주어진 시간 내에 많은 양의 아이디어를 생산해 내는 능력이다.

여기서 성공적인 유창성은 생산된 아이디어의 양으로 측정되어진다. 두 번째 유연성 (flexibility)은 다른 부류에 속하는 다양한 아이디어를 생산해내는 능력이다. 세 번째 정교성 (elaboration)은 주어진 아이디어 또는 일련의 아이디어를 첨가하거나 또는 미화하는 능력이다. 마지막 독창성 (originality)은 일반적이지 않은 (uncommon), 관습적이지 않은 (unconventional) 또는 똑똑한 아이디어를 생산하는 능력을 언급한다. 이러한 주요한 능력의 형태뿐만 아니라, 다른 요소들 또한 창의적인 영역에 중요한 것이 있다. 문제에 대한 민감성 (sensitivity), 종합하고 분석할 수 있는 능력, 아이디어를 재구성하고 재 개념화하는 능력, 복잡한 것을 다루는 능력, 그리고 평가할 수 있는 능력이다. 그래서 Gilford 는 창의성을 특별하게 재능 있는 개인들에게 예약된 단순한 선천적 능력 또는 재능이라기보다는 지적인 능력의 다양성으로 간주한다.

이러한 점에서, 영어교육학자들은 발산적인 사고행위를 격려해야 하는 것이고 학생들의 창의적인 잠재성을 계발하기 위한 보다 더 많은 기회를 제공해야 하는 것이다. 그러나 외국어 교육자들은 일반적으로 학생들의 상상과 독창성을 요구하는 활동들로만 "창의적 (creative)"인 것의 정의를 분류하고 국한한다. 따라서 창의성의 풍부한 잠재적인 영역은 - 특히, 유창성 (fluency), 유연성 (flexibility), 그리고 정교성 (elaboration) - 제 2 외국어에서 무시되어 왔다.

그러나 창의적인 사고 발달을 목표로 하는 외국어 교수 및 학습에서 언어는 지적인 유연성을 촉진시킬 수 있으며, 또한 언어적인 유창성을 계발 할 수 있다. 더 나아가, 유연성, 유창성, 그리고 정교성은 제 2외국어로 대화하는 의사소통 능력과 밀접한 관련이 있다.

1.5. 교육학적 함축

최근에 교육학자들과 교사들은 학습자들의 창의적이고 발산적 사고행위의 발전을 위한 증가된 기회를 제공하기 위해 노력을 한다. 교실 내에서 창의성에 초점을 위한 이론적이고 철학적인 기본은 주로 두 가지 원인에 근거한다. 첫 번째, 심리학자들은 일반적으로 모든 개개인들은 어느 정도의 지적 능력을 소유하고 있다고 믿고 있다. 지적능력의 측정과 감정에 관한 연구에 집중을 한 Gilford (1968)는 교육학자들과 심리학자들은 학습자들의 능력이 학습을 통해 변형되거나 전달되어지므로, 교육학자들이 취해야 할 가장 적합한 자세는 가능성 있는 지적능력을 학습을 통해서 어느 정도 발전시킬 수 있다는 사실을 인지해야한다.

창의성에 관한 광범위한 연구와 조사를 했던 Stein (1974)은 학습자들의 창의성은 변경되거나 증가되어질 수 있다는 몇 개의 가정을 전제로 한다. 그 가정은 (1) 학습자의 발달을 자극시키기 위한 창의적인 과정에 관해 충분히 알려져야 한다. (2) 창의적인 과정과 밀접한 관련이 있는 유연성 (flexibility)의 발달은 다양하고 발산적인 생산능력을 초래할 수 있다는 것이다. (3) 학습자들은 변화될 수 있고 개개인의 창의성은 교육과 훈련을 통해서 보다 더 보강되어 질 수 있다. 그리고 (4) 기술과 전략은 학습자들의 창의적인 능력을 증가시킬 수 있다.

심리학적 연구뿐만 아니라, Rogers와 Malslow와 같은 인본주의 철학자들에 의해 먼저 연구된 자아실현 (self-actualization)의 이론들은 또한 교육학자들에게 영향을 주었다. 예를 들자면, Rogers (1959)는 창의적인 표현을 위한 잠재성은 모든 개개인에게 부여되는 것이고 창의적이기 위한 욕망은 사람들이 그 자신의 자아실현을 원해야만 하는 것이거나 또는 그의 잠재력이 형성되어지는 경향과 밀접한 관련이 있다는 것이다. Malslow (1970)는 일단 Rogers의 주장에 동의를 하지만 그는 위대한 음악가와 예술가의 소질 및 기질과 모든 사람에게 부여된 창의적인 잠재력과는 차이가 있다고 주장한다. 즉, 특별한 기질의 창의성 (special-talent-creativity)과 개개인이 소유한 창의성의 잠재력 (potential for creativity)을 구별 짓기 위해서는 Malslow는 개개인을 창의적인 개인과 비창의적인 개인으로 나누는 창의성의 이분법적인 정의에 반대한다는 입장을 견지한다. 그러므로 심리학자들처럼 Maslow나 Rogers는 모든 개개인은 예술가적인 또는 과학적인 천재가 될 수 있지만 차라리 각각의 개개인은 가능한 범위에서 그들의 창의적인 잠재력을 개발할 수 있도록 허용되어져야 한다고 주장한다. 즉, 선택되어진 소수의 엘리트들의 창의적이고 발산적 사고행위를 제한하기 보다는 많은 교육학자들은 모든 학생들은 그들의 창의적이고 발산적 생산 능력을 증가시키는 기회가 반드시 주어져야한다고 조언한다. 교과과정에서 발산적인 사고행위를 강조하는 것은 심리적이고 철학적인 기초뿐만 아니라 이러한 능력들의 발달을 통해 형성되어질 수 있는 이득에 기반을 두고 있다.

창의적인 능력들은 수동적이라기보다는 학습과정에서 보다 능동적인 관점과 자세를 요구하기 때문에 반드시 그러한 환경 속에서 발달되어져야만 한다. Guilford (1968)가 제안하듯이, 학습자의 이러한 개념은 학습이라는 것은 특히 자극-반응의 관계 형성에서 정보의 발견이지, 단순히 연상의 형상이 아니라는 생각으로 우리를 이끌고 간다.8)

인지 (cognition), 기억 (memory), 수렴적 생산능력 (convergent production abilities) 대신에, 발산적 생산능력 수행은 사실, 정보, 언어의 기본적인 총체를 습득하는 것뿐만 아니라, 이 정보를 학습자 자신의 준거 기준 (frame of reference)과 인지적인 구조에 맞게끔 개정 또는 재생(rework)하는 것을 배워야 하는 학습자의 부분에 보다 더 큰 참여를 요구한다. Williams (1970)가 지적하듯이, 수업시간의 많은 부분을 생각하고, 창조하고, 그리고 가정하는 데 시간을 할당하기 보다는 무엇을 해야만 하는지 학습자에게 이야기하고 정보를 전달하는데 쓰이고 있다. 이러한 활동들은 학습장들에게 중요한 삶의 기술 (즉, 학교 환경에만 국한된 것을 훨씬 뛰어넘는)을 제시한다. Shane과 Silvernail (1977)는 미래의 학교의 학습 환경은 문제-해결 (problem-solving)에 보다 많은 초점을 두어야 하며 암기 학습 (rote learning)은 가능한 한 줄여나가야 하는 것이라고 말한다. 더 나아가, 그들은 문제-해결은 정보와 기술은 단순히 소유하기 보다는 사용과 적응을 위해 발전되어져야 되기 때문에 상당히 중요한 것이다. 단순한 사실을 안다는 것은 교육과정의 단지 일부분에 불과하다. 문제를 풀기 위해서 그리고 새로운 해결책을 찾기 위해서, 그리고 독립적인 해결을 찾기 위해서 사실을 다룰 수 있는 능력을 가진다는 것은 무시되어져서는 안 될 중요한 기술이다. 창의적이고 발산적인 생산능력의 발전은 개별적이고 독립적인 생각을 강조하게 되며 더 나아가 적응성과 변화를 가져다 줄 수 있는 것이다.

---

8) "this conception of the learner leads us to the idea that learning is the discovery of information, not merely the formation of association, particularly in the form of stimulus-response connections" (p. 30)

1.6. 발산적인 능력과 외국어 능력의 결과

계획된 수업 목표뿐만 아니라, 외국어 교육자들은 점차적으로 외국어를 배워가는 과정 속에서 일어나는 부수적인 학습과 결과의 중요성을 인식하고 있는 것이다. 예를 들자면, Javis (1978)는 외국어 학습은 다양한 지적 기술, 특히 지적 유연성 (intellectual flexibility), 솜씨 (dexterity), 적응성 (adaptability)과 밀접한 관계가 있는 기술을 보강한다는 사실을 믿는다. 외국어의 영향을 면밀히 조사하는 많은 학자들은 이중 언어를 구사하는 학생들과 이중 언어를 학습하는 학생들은 발산적 사고행위가 상당히 향상한다는 사실들을 증명했다. 비록 이 연구결과가 외국어 연구의 계획하지 않은 결과들에 초점을 두었다 하더라도, 외국어 교실 속으로 발산적인 생산 능력의 체계적인 소개는 학생들의 유창성 (fluency), 유연성 (flexibility), 정교성 (elaboration), 독창성 (originality)을 향상시킬 수 있다는 잠재적인 연구 방향을 제시하였다는 평가를 받는다.

1.7. 발산적 능력과 의사소통 능력

외국어학습과의 관련성뿐만 아니라, 발산적 언어 능력은 또한 의사소통 능력과도 밀접한 관련성을 가지고 있다. 발산적인 능력의 구성요소인 유창성 (fluency), 유연성 (flexibility), 정교성 (elaboration), 독창성 (originality)은 여러 방면에서 개개인의 능력을 향상시켜 줄뿐만 아니라 개개인의 언어능력의 표현력을 증가시켜 주는 중요한 요소이다. 일반적으로 생각이나 상황의 방향의 다양한 변화를 유도하는 능력으로 설명되어지는 유연성은 의사소통 기술에 상당히 유용한 능력이라고 할 수 있다. 의사소통에서 유연성은 상대방에 의해 시작된 대화의 주제를 자연스럽게 변경할 수 있는 능력을 부여한다. 이러한 능력이 부족한 화자는 상대방이 의미하는 뉘앙스를 이해하는데 많은 시간이 걸리거나 아니면 그것에 대하여 무지할 수 있다. 따라서 제2외국어를 공부하는 학습자는 의사소통능력에 관한 한 "receptive flexibility (수용적 유연성)" 이해가 빠른 유연성을 소유할 수 있는 능력을 가져야 한다 (Gilford, 1968). 이는 보다 높은 수준의 대화를 이끌어 가는데 있어서 중요한 일부분이기 때문이다. 정교성 (elaboration)에 관한 능력은 본인의 아이디어를 잘 부각시키기 위해서 필요한 부분은 더 첨가하고 필요 없는 부분은 과감하게 지워버리는 능력을 요구한다. 자신의 생각을 자연스럽게 그리고 강력하게 상대방에게 입력시키기 위해서는 간략하면서도 깊은 의미전달을 해야 하는 것이다.

1.8. 창의성을 위한 교실환경

Stein (1974)은 창의적 교육환경을 언급하는 과정 속에서 창의성을 보다 더 활성화 시키거나 저해시키는 가장 중요한 원인은 다름 아닌 교육환경이라고 지적한다. 다시 말하자면 학습자들이 창의성의 가치를 배우며 인정되어지는 환경 속에 있다면 누구든지 보다 더 창의적인 학생이 될 수 있다고 주장한다.[9] 창의적인 외국어 학습을 도모하는 교실환경에 관한 내용은 두 가지 관점에서 언급되

---

9) "environmental factors also play a critical role in blocking or facilitating the creative process. It is possible that some individuals would manifest more creativity if they were in environments that valued and supported creativity" (p. 9)

어질 수 있다. 첫째, 창의성을 독려하는 학습자 자신의 성격적 요소 또는 정서적인 행위이고, 둘째는 학습자의 창의성을 격려하는 선생님의 자세라고 할 수 있다. 많은 창의성을 연구한 외국어 학자들은 교실환경이 창의성을 발전시키는 중요한 원인이라고 입을 모은다. 이러한 교실환경이 반드시 포함해야 하는 것은 다음과 같다. 발산적 생산능력의 발달 (development of divergent production abilities), 지각력 (perceptiveness), 독립적 판단 (independence of judgment), 새로운 경험, 호기심, 감각, 열정, 자기인식, 복잡성, 그리고 위험부담에 대한 개방성 (openness to new experiences, curiosity, sensitivity, enthusiasm, self-awareness, complexity, and risk-taking). 심리적으로 편안함을 가지고 자신의 의견을 부담 없이 제시할 수 있는 교실환경이야 말로 어떠한 교실환경보다도 중요하고 가치가 있다고 할 수 있다. 이러한 환경은 교사가 우선적으로 학생의 의견을 존중해 주는 데부터 시작한다. 그래야만 학생들은 자신들의 아이디어가 선생님에게 가치가 있는 것이고 중요한 것으로 인정되어질 수 있다는 확신을 갖게 된다는 것이다. 외국어 학습에서 창의성을 격려하는 가장 좋은 방법은 학생들의 아이디어가 서로에 의해 공유되어 질 수 있도록 하는 것이다. 단순히 문법적 내용을 암기하고 번역하는 수준이라기보다는 의미를 서로 공유하는 것의 중요성을 부각하는 것이다. 창의성을 격려하는 영어 학습의 질문유형들은 다음과 같이 분류되어질 수 있다.

<표 9. 창의성을 격려하는 영어 학습의 질문 유형들>

I. Fluency	II. Flexibility	III. Elaboration	IV. Originality
· define	· predict	· evaluate	· design
· label	· interpret	· critique	· reconstruct
· describe	· extrapolate	· judge	· integrate
· identify	· change	· measure	· reorganize
· outline	· demonstrate	· appraise	· modify
· list	· employ	· select	· rearrange
· name	· interpolate	· test	· generate
· match	· distinguish	· determine	· create
· count		· grade	· compose
· convert			· revise
· explain			
· summarize			
· compare			
· paraphrase			
· predict			
· give			
· examples			

위의 질문 유형에 이어 Sternberg (1988)는 창의성의 속성에 관한 연구에서 아래와 같이 창의성을 그림으로 표현하였다. 그는 "창의성이란" 질문에 우스꽝스러우면서도 누구나 쉽게 생각할 수 있는 아이디어로 창의성의 개념을 설명하였다.

"Creativity Is..."10)

Creativity Is...   WANTING TO KNOW

Creativity Is...   DIGGING DEEPER

Creativity Is...   LOOKING TWICE

Creativity Is...   LISTENING FOR SMELLS

                            GETTING IN
Creativity Is...

Creativity Is... GETTING OUT

Creativity Is... HAVING A BALL

Creativity Is... PLUGGING INTO THE SUN

SHAKING HANDS WITH TOMORROW

Creativity Is...

10) from Creativity As Manifest In Its Testing by E. Paul Torrance in The Nature of Creativity, ed. Robert J. Sternberg © Cambridge University Press, 1988.

여러분의 창의에 대한 생각을 그려보세요!

Creativity Is:

2. 유창성 (Fluency)

2.1. 유창성을 돕는 활동들

발산적 사고행위는 Guilford (1977)에 의하면 4가지 단계가 있는데, 첫째, 유창성 (fluency)이다. 유창성은 주어진 시간 내에 많은 양의 아이디어를 생산해 내는 능력이다. 여기서 성공적인 유창성은 생산된 아이디어의 양으로 측정되어진다. 유창성은 정보를 외우는 것을 요구하는 것이 아니라, 학습된 정보를 이해하는 것이다. 이 영역에 속하는 영어 학습활동을 Torrance (1979)는 다음과 같이 정리하였다. 개념정의하기, 분류하기, 묘사하기, 구별하기, 개요말하기, 열거하기, 명명하기, 연결하기, 설명하기, 요약하기, 비교하기, 바꾸어 말하기, 예문주기 등이다. 이러한 유창성을 목표로 하는 예문들과 학생들의 실제 작품을 표 10에 정리하였다.

<표 10. 유창성 영어활동 예문들과 학생작문>12)

a) Write eight commands that your father or mother gives to you.	
- Wash your hands - Stay back - Put it back - Turn off the TV - Wake up	- Do not fight each other - Study hard - Do not play a computer game too much - Go to the *Hankwon* quickly
b) List possible or unusual uses of a umbrella.	
	- Use as a parachute when jumping down. - Use as a cane (walking stick) when climbing a mountain. - Use as a sail when traveling a sea

c) 보기와 같은 표현을 적으시오

(보기) Tom is unhappy today.	- He is miserable. - He is not happy. - He says nothing. - He does not smile at all. - He did not appear today. - He absent a school today

d) 사물의 이름을 사용하지 말고 사물을 묘사 하시오

(보기) television	- It's like a square box - People watch it too much. - All family gather in front of it after or at dinner.

e) 반박하기

(보기) Cinderella's childhood was happy.	- She did not have a real mother. - She had to do all the hard work. - She did not have beautiful dresses. - She lived in the attic.

d) 비교하기

apples   oranges

How Are They Alike?

fruits
round
seeds
grow on trees
sweet
nutritious
get juice from 'em

How Do They Differ?
with regard to

thin, smooth, often eat	skin	thick, bumpy, seldom eat
red, green, yellow, multi	color	orange
crisp, meaty	meat	sectioned, pulpy
most states	where grown	subtropical [11]

---

11) http://www.readingquest.org/strat/compare.html

2.2. A B C Brainstorm[13]

　ABE 브레인스토밍은 영어 학습자의 수준에 따라 초보자인 경우에는 주제어와 관련된 단어로 채워가면 되고 영어 수준이 높은 있는 학습자는 주제어와 관련된 문장으로 만들어서 주어진 알파벳 24개를 채우는 훈련을 한다. 예를 들자면, 주제어 (topic)가 picnic (소풍)이면 초보자 수준은 A는 apple, B는 banana를 쓰면 되고 영어 수준이 높은 학생들은 문장으로 B는 bring a lunch box, C는 can you bring a snack for picnic? 이라고 영작을 할 수 있다. 그리고 24개의 단어 및 문장을 작성한 후 마지막으로 그 단어들과 문장을 이용하여 주제어에 관한 짧은 작문을 써보는 것으로 마친다.

A B C Brainstorm	
T O P I C	
A	N
B	O
C	P

---

12) 표의 왼쪽 질문들은 다음의 책자에서 발췌한 내용이고 오른쪽 답변들은 학생들의 작문들에서 선별한 것임. Birckbichler, Diane W. (1982). Creative Activities for the Second Language Classroom. The Center for Applied Linguistics.

13) www.readingquest.org

D		Q	
E		R	
F		S	
G		T	
H		U	
I		V	
J		W	
K		X	
L		Y	
M		Z	

Summary Paragraph:

2.3. 알파벳을 이용해 영어문장 만들기[14]

24개의 알파벳 중 이어진 알파벳 3개를 이용하여 영어 문장을 만들어 보는 영작문 연습이다. 예를 들자면 ABC (A baby cries.) 그리고 DEF (Doctors eat free-cakes) 등 원하는 이어진 알파벳 3개를 이용하여 문장을 만들어 본다.

ABCDEFGHIJKLMNOPQRSTUVWXYZ Writing	
Make a sentence by using Alphabetic	ABC (A Baby Cries.) / DEF (Doctors eat free-cakes)
ABC	DEF
GHI	JKL
OPQ	RST
UVW	XYZ

---

14) www.readingquest.org

2.4. 감각을 자세히 표현하기[15]

도표에 주어진 사건 (event)과 관련된 세부사항을 5가지 감각의
관점에서 상상하여 창의적으로 표현하는 활동이다. 아래의 도표의
예문을 참조하면 주어진 사건이 "해변에서의 하루 (a day at the
beach)"이다. 우선 시각적인 세부사항을 창의적으로 표현하고 그
이어 소리, 냄새, 맛, 기분 등으로 관련된 감각을 가지고 세부적 사
항을 상상하여 표현하는 것이다.

Event	a day at the beach
Visual details	children playing in the sand
	people lying on the beach and swimming in the water
	sparkling sand with white-speckled shells
	water meeting the blue sky at the horizon
	lifeguard stand and hot dog stand
Sounds	chatter and laughter of children
	parents and children talking
	the lifeguard's warning whistle
	the lapping of the surf against the sand
	the splashing of swimmers
Smells	ocean air
	slight fishy smell
	whiff of roasting hot dogs
	scent of suntan lotion

---

15) http://go.hrw.com/resources/go_mk/la/latm/SENSORYD.PDF

Tastes	salt water
	hot dogs
Feelings/Textures	heat of sun on back
	sweat, cool water, and towel on skin
	sand between toes

위의 예문을 참고로 해서 사건 (event)은 상황에 따라 원하는 것을 선택하여 주어진 기준에 따라 발산적 사고를 할 수 있다. 예를 들어 다음에 빈칸에 사건이 음악 콘서트에서의 하루라고 생각하고 주어진 빈칸에 영어로 써 볼 수 있다.

Event	a day at the concert hall
Visual details	
Sounds	
Smells	

Tastes	
Feelings/Textures	

2.5. 할 수 있는 일과 할 수 없는 일 (can and can't)[16]

당신은 무엇을 할 수 있나요? (what can you do?) 당신은 무엇을 할 수 없나요? (what can't you do?) 각각의 목록을 8개씩 적으시오. 예) ride a bicycle, use a computer, play the guitar, speak English, and knit a scarf.

	Things I can do		Things I can't do
1		1	
2		2	
3		3	
4		4	
5		5	
6		6	
7		7	
8		8	

---

16) www.elcivics.com

2.6. 생일선물 목록[17]

당신은 어떤 생일 선물을 받고 싶으신가요? 아래에 7개의 받고
싶은 생일선물을 주어진 예문을 활용하여 적으시오. (예) I would
like to get a dozen pink roses. I would like to get a $50 gift
card.

1	
2	
3	
4	
5	
6	
7	

---

17) www.elcivics.com

2.7. Acrostic Poem

아크로스틱은 보통 각 행의 첫 글자를 아래로 연결하면 특정한 어구가 되게 쓴 시나 글을 지칭한다.

만약, 본문의 주제가 Thanksgiving Day (추수감사절)이면 본문 내용을 학습하고 Thanksgiving Day의 첫 글자를 가지고 아크로스 틱 시나 글을 만드는 연습을 할 수 있다. 이때 학습자들은 추수감 사절에 관한 영어단어와 내용을 사용한다.

	Thanksgiving Day Acrostic Poem
T	Thanksgiving is celebrated among friends and family. (예문)
h	
a	
n	
k	
s	
g	
i	
v	
i	In America, they eat turkey on Thanksgiving Day. (예문)
n	
g	

D	<u>D</u>ot exterior of turkey with small pieces of butter. (예문)
a	
y	

2.8. Facts and Opinions[18]

사실(fact)과 의견(opinion)은 주어진 단어에 관한 사실적 내용들과 학습자의 의견을 구별하여 적는 연습이다. 사실(fact)을 묘사하기 위해서는 I know that을 문형을 사용하되 학습자 자신이 주어진 주제에 관하여 알고 있는 사실을 기술한다. 그리고 의견(opinion)은 주어진 주제에 관한 학습자 자신의 의견과 생각을 I think that의 문형을 사용하여 영어로 표현한다 (예문 참조).

Facts and Opinions
*Use _I think that_ for opinions and _I know that_ for facts.
Example) Apple:
- <u>I think that</u> apples are the best fruit all!.
- <u>I know that</u> apples grow on trees and are ripe in the fall.
Water

---

18) http://worksheetplace.com

- I think that_____

- I know that_____

Oil

- I think that_____

- I know that_____

2.9. 문법적 문장 및 단어 목록

영어학습자가 학습하고 있는 문법 주제를 기초로 다양한 목록을
만들어 내는 연습으로써 영어학습자의 관련된 아이디어를 주어진
시간 내에 생산해 내는 훈련이다. 다음의 네 개의 예문을 참조하여
연습할 수 있다.

Grammatical sentences and words list
(a) : Write eight commands that your father or mother gives to you.
(b) : List all the things you can think of that are blue or have the word "blue" in them. (For example: blueberry, sky)

(c) : Write as many words as you can think of that mean the
same as pretty.

(d) : Using adjectives that you have learned, make up compliments that you
might give to other students in your class. Suggestions:

- Roger, you are an excellent student. (로저, 넌 훌륭한 학생이야.)
- Annet, you are very intelligent. (아넷, 넌 아주 똑똑해.)
- Paul, you are so funny. (폴, 넌 너무 재미있어.)

your answer 1: _____

your answer 2: _____

2.10. Brainstorming 기법

브레인스토밍 기법은 창의력 사고기법 가운데 가장 오래된 것이
며 또한 현재까지 가장 광범위하게 사용되고 있는 기법이다. 이 기
법은 학습자들의 많은 아이디어를 생성해 내는 데 그 주된 목적이
있기에 여러 가지 의견이나 아이디어가 있을 수 있는 곳 어디서든
사용할 수 있다. 창의력 교수 및 학습 연구에서 권위적인 김영채
교수(2007)는 그의 저서 "창의력의 이론과 개발"에서 Osborn(1948)
의 브레인스토밍의 두 개의 원리와 도출된 네 개의 규칙들에 대하

여 설명한다. 우선, 두 개의 원리는 첫째, 판단을 유보한다. 둘째, 양이 질을 낳는다 이다. 네 개의 규칙 (4S)은 다음과 같다.

① Support: 생성된 학습자들의 아이디어에 대한 평가 또는 판단을 유보한다. 판단은 충분한 아이디어를 생성해 낸 다음에 비로소 한다. 따라서 학습자의 어떠한 아이디어라도 비판받지 않아야 한다. 비판 또는 평가는 학습자의 아이디어 생성을 방해한다.
② Silly: 학습자들의 아이디어는 무모해 보이고 엉뚱한 것일수록 보다 참신한 아이디어가 될 수 있다는 사실을 명심한다.
③ Speed: 아이디어의 수가 많을수록 좋다. 아이디어의 질과 상관없이 가능한 한 많은 아이디어를 생성하도록 학습자를 격려한다.
④ Synergy: 타인의 아이디어에 편승하여 본인의 아이디어를 결합하여 또 다른 아이디어를 생성할 수 있다.

다음은 종이 한 장을 꺼내서 "의복 또는 의류 (clothing)"의 종류를 가능한 한 많이 생각하여 나열하도록 하는 연습19)이다. 몸에 거치거나 입을 수 있는 모든 아이템들을 우선 크게 9개로 나누어서 각각의 상세한 종류를 나열하였다. 아래의 예문을 참조하여 다음의 주제, environmental issues를 가지고 브레인스토밍을 한다. 주어진 빈칸에 가장 적절한 아이디어를 채울 수 있도록 아이디어를 낸다.

---

19) www.eslflow.com

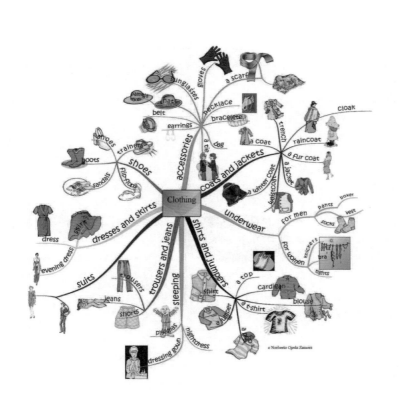

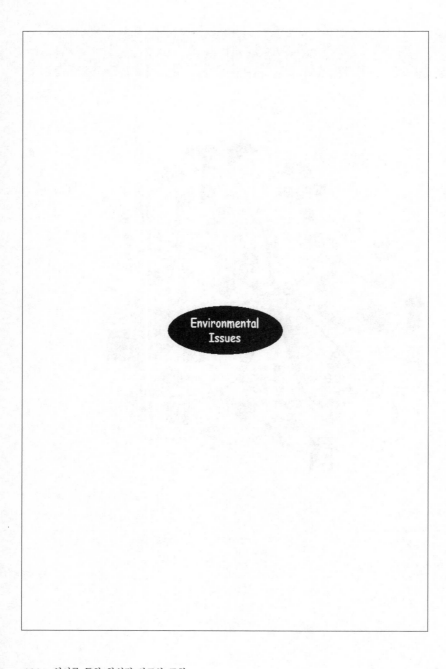

Environmental
Issues

다음의 브레인스토밍 활동은 표 왼쪽에 있는 장소(places)를 가지고 "무엇을 그 곳에서 찾고자 하는가?"와 "무엇을 그 곳에서 찾지 않고 싶은가?"에 질문에 예문과 같이 브레인스토밍을 한다. 개수는 각각 3개 또는 4개정도씩 적어본다.

Brainstorming (B)[20]		
a beach	sunshine, clean water, toilets, tubes, parasol, etc.	trash, too many people, a drunken person, overcharge (high prices), etc.
a department store		
a movie theater		
the road		
the supermarket		

2.11. 나에 대해서 표현을 열거하기[21]

영어로 자신에 대한 소개를 할 때 이름과 주소 또는 취미를 이야기하는 틀에 박힌 표현을 벗어나기 위해서 아래의 워크시트는 영어 학습자로 하여금 자신에 대한 이야기를 생각하고 영어로 표현할 수 있도록

---

20) www.eslflow.com
21) www.eslflow.com

가이드라인을 정하여 질문한다. 영어 학습자는 질문에 답을 하고 나중에 동료들과 서로 공유할 수 있다.

Expressions All About Me
I worry about...
I dream about ....
I am proud of ....
I am afraid of..
I am interested in ....
I don 't believe in ....
I am good at ....
I am poor at ....
I have to ....
I feel like ....
I never ....
I can 't stand..
I have a habit of...
I no longer ....
....makes me laugh.
....makes me sad.
....make me angry.

3. 유연성 (Flexibility)을 돕는 활동들

두 번째 단계는 유연성 (flexibility)이다. 유연성은 사물을 다른 관점에서 바라보고 다른 접근 또는 전략을 사용함으로서 아이디어를 생산해 내는 능력이다. 이 단계에 속하는 영어활동은 예견하기, 의미해석하기, 추론하기, 변환하기, 증명하기, 삽입하기 등이 있다. 표 11은 유연성을 향상시키기 위한 영어활동들과 학생들의 작품들이다 (Torrance, 1979).

<표 11. 유연성 영어활동 예문들과 학생작문>

a) 다음의 말은 누가 누구에게 어떤 상황에서 할 수 있을까?	
(보기) "Follow me, please	- a teacher to a group of students at a school - a guide to a group of tourists at a museum. - a waitress to a customer at the restaurant.
(보기) "Please make a line"	- a school bus driver to students when getting on the bus
b) 누가 한 말인지를 연결하시오	
1) Please submit your homework to tomorrow 2) Blank pages make me nervous 3) Our product is both a good price and quality. 4) Please show your drive license.	a) the policeman b) a teacher c) a salesperson d) an author

c) Problem-solution I (문제-해결)	
(보기) How to reduce road accidents	– Reduce the number of cars – Teach drivers to be careful – Make very slow cars – Make a car to censor accidents

d) Problem-solution II (문제-해결)	
(보기) How to get to the airport on time.	– Take a taxi – Set alarm on time – Grow your own wings – Go to the airport one day earlier and sleep there.

3.1. Problem-solution

문제-해결 기법은 학습자들이 당면한 문제를 해결하고 그 목표를 성취할 수 있도록 도와주는 도구이며 기술 그리고 과정이다. Osborn(1948)은 창의적 문제-해결은 일상적인 분석적인 문제-해결과는 다르다고 주장한다. 아래의 그래프에서 알 수 있듯이 시간이 중간 지점에 도달했을 때 가장 많은 수의 아이디어가 생성되며 후반 지점에서 아이디어의 내용과 질이 독창적이며 혁신적임을 알 수 있다. 따라서 Osborn은 아이디어의 질을 초반에 판단하거나 비판해서는 안 되고 후반까지 유보되어야 한다고 주장하는 것이다. 결론적으로 가능한 한 많은 아이디어가 생성되면 후반 지점에서 훨씬 창의적인 결과를 얻을 수 있다고 주장한다 (김영채, 2007).

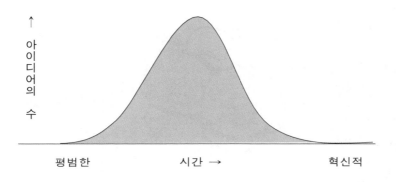

<그래프 1. 시간의 경과에 따른 생성해 낸 아이디어의 성질 곡선>

↑
아
이
디
어
의
수

평범한　　　　　　　시간 →　　　　　혁신적

　아래의 작품22)은 지구온난화(global warming)의 문제를 가지고 해결방안을 브레인스토밍 한 예시작품이다. 그림과 함께 이해하기 쉽게 그리고 간단하게 문제-해결 방안을 표시함으로써 호소력과 설득력 있는 상당히 유용한 작품이라고 할 수 있다. 온난화를 해결하기 위한 방안들을 다양하고 많은 아이디어를 생성하여 체계적으로 분류하였다. 해결방안들 중 한 예로 여행의 범주에서는 걸어서 가는 것, 하이브리드 자동차처럼 효율적인 연료를 사용하는 것, 카풀을 하는 것, 자동차의 바퀴의 바람을 매주 점검하는 것, 대중교통을 이용하는 것 등의 아이디어를 영어로 적었고 반면 나쁜 여행으로는 비행기 타지 않는 것이라고 적었다. 이와 같이 다양한 아이디어를 생성하여 분류함으로써 체계적으로 문제-해결의 실마리를 단계적으로 찾아 나갈 수 있는 것이다.

---

22) www.learningfundamentals.com.au

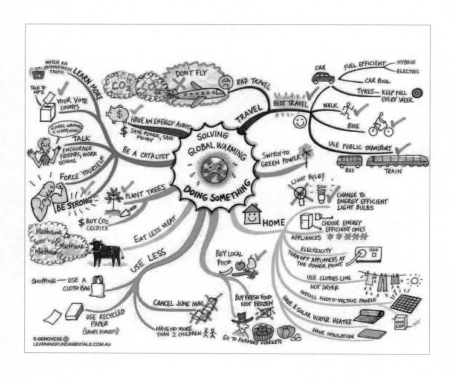

아래의 문제-해결 활동지를 활용하여 원하는 주제를 가지고 빈 칸에 영어로 문제-해결 방안을 적어보시오.

PROBLEM / SOLUTION	
QUESTIONS	**ANSWERS**
What is the problem?	
What are the effects?	
What are the causes?	
What are the solutions?	

3.2. Who might have said? (누가 할 수 있는 말인가요?)

주어진 직업군의 사람들이 할 수 있는 말을 서로 연결하는 것으로써 단순히 주어진 직업에 관련된 영어 단어의 의미만을 이해하고 숙지하는 것을 뛰어넘어 해당 직업을 가진 사람들이 직업과 관련된 상황에서 할 수 있는 말들을 생각해 보는 것이다. 아래 샘플 (A)의 연습에서 서로 관련된 직업을 가진 사람들과 그들이 말 할 수 있는 대화를 서로 연결해 본다.

	Example (A) Who might have said?		
1	author	a	Damn! This film is costing too much.
2	songwriter	b	When I direct, even a stupid woman becomes a great actress.
3	singer	c	No one interprets songs better than I do.
4	presenter	d	They call me the golden voice of Naples.
5	announcer	e	I discovered a lot of talent during my broadcast.
6	comic	f	The intonation of voice is very important in attracting listeners' attention.
7	director	g	For me, gestures express more than words.
8	producer	h	How difficult it is to make people laugh.
9	actor/actress	i	Blank pages depress me.
10	mime	j	I'm tired of always playing the part of the beautiful woman.

위의 샘플 (A)에서 각 직업을 가진 사람들이 말 할 수 있는 대화를 서로 연결하였다면 다음은 각 직업을 가진 사람들이 무슨 말을 할 수 있을 지를 상상하여 영어로 적어본다.

Example (B) What did he/she say?	
1	author: _____
2	songwriter: _____
3	singer: _____
4	presenter: _____
5	announcer: _____
6	comic: _____
7	director: _____
8	producer: _____
9	actor/actress: _____
10	mime: _____

다음의 샘플 (C)은 누가 다음과 같은 문장을 말했었는지 생각해 보고, 어떤 상황에서 그런 말을 했는지를 상상해 보는 연습이다.

다양한 가능성을 가지고 자유롭게 예문처럼 적어본다.

Example (C) Who might have said the following sentences and in what situation	
"Your papers, sir."	(Possible answers) - a policeman arresting a driver or pedestrian. - a professor who has forgotten his compositions. - a customs agent returning identity papers to a traveler.
"Follow me, please."	
"Take a rest!"	
"Let me see..."	

3.3. Point of view (관점 및 견해)[23]

*Point of view*는 예로 주어진 본문의 내용을 읽고 상황을 이해한 후 영어 학습자가 주어진 사건에 관해 다양한 사람들의 관점에서 다양한 반응을 영어로 묘사하는 활동이다. *Point of view*는 몇 가지 관점에서 다양한 형태의 유연성(flexibility)을 촉진 및 격려한다. 첫째, 영어 학습자들은 다른 사람의 입장과 관점에서 주어진 상황을 이해하고 반응을 상상하도록 격려되어진다. 둘째, 영어 학습자들은 문법적이며 어휘적인 유연성은 다양한 형태의 영어문장을 만들도록 격려된다. 셋째, 다양한 사회 경제적인 집단의 사람들이 만

---

23) Rivers et al., (1975). A practical guide to the teaching of Spanish.

들어 냈을지도 모르는 표현력을 요구받기 때문에 사회언어적인 유연성이 격려되어진다.

Point of View	
Example	A young doctor who just left the hospital runs across a narrow street that is crowded with rush-hour traffic. His careless behavior arouses interest on all sides.
Questions	Give the comments that represent the reactions of the following:
1	A policeman (question) - Did you find a patient across the street? -
2	A child to his mother (question, observation) - -
3	A bus driver (exclamation) - -
4	The wife of the doctor (exclamation, question) - -
5	A young man on a motorcycle (exclamation) - -
6	An elderly woman to the child (negative question) - -
7	A merchant at the door of his shop (observation) - -

*question(의문문), observation(의견, 논평); exclamation(감탄문); negative question(부정의문문)

3.4. Role-playing situation (역할극 상황)

역할극은 영어 학습자로 하여금 유연성(flexibility)을 향상 시킬 수 있는 효과적인 영어 학습활동이다. 역할극 상황은 영어 학습자들의 아이디어와 언어를 유연성 있게 표현하도록 격려한다. 또한 역할극 상황에서 영어 학습자들이 예상하지 못한 변수를 이해하고 적응함으로써 다른 사람들의 관점에서 그들의 견해를 표현할 수 있다. 영어 학습자들은 다른 직업들, 관계들, 그리고 다양한 사회적 환경을 표현하는 상황을 상상하여 다양한 영어 문장표현들을 적어보는 연습을 할 수 있다.

Role-Playing Situation (A)
Situation (1): Neighbor complaint
(Possible answers) - They always have noisy parties. - The children are really naughty. - There is always trash in front of the house.
Situation (2): Boss complaint
- -
Situation (3): Brother/ sister complaint
- -
Situation (4): Teacher complaint
- -
Situation (5): Boyfriend/ girlfriend complaint
- -

Role-Playing Situation (B) - Park Warden[24]

You are the park warden of a very big national park. You must decide what activities are allowed and what activities are prohibited

	...is prohibited ...is permitted prohibited/permitted reason		
1) camping	_____	because	_____ _____
2) hiking	_____	because	_____ _____
3) fishing	_____	because	_____ _____
4) smoking	_____	because	_____ _____
5) drinking	_____	because	_____ _____
6) gathering firewood	_____	because	_____ _____
7) taking pictures	_____	because	_____ _____
8) cooking	_____	because	_____ _____

24) www.bogglesworldesl.com

3.5. Unusual uses[25]

Unusual uses는 직역을 하면 독특한 사용으로 해석된다. 다시 말하자면, 이 활동은 주어진 사물이 원래 사용 목적 이외의 것으로 사용할 수 있는 방법을 찾아보는 것이다. 방법을 가능한 한 많이 나열하는 것은 유창성(fluency)을 격려하는 것도 되지만 유연성 (flexibility)을 발달시키는 연습도 될 수 있다.

예를 들어 벽돌 (brick)의 원래 목적은 집을 건축할 때 사용하는 것이 일반적인 사용목적 (usual use)이지만 이것이 unusual uses로 사용되면 아래의 예문과 같이 책꽂이 (book self) 또는 화분 (flower pot)으로도 사용할 수 있는 것이다. 이러한 활동은 Guilford (1967) 가 유창성을 측정하기 위해 사용한 방법으로써 학생들의 상상력과 생각의 유연성 또한 개발 할 수 있다. 영어 학습자가 이 활동을 개인적으로 하는 것도 중요하지만 여러 동료학생들이 만들어낸 더 많은 아이디어들을 볼 수 있도록 소그룹 활동도 권장된다.

Unusual Uses

(독특한 사용, 즉, 사용 목적 이외의 것으로 사용할 수 있는 방법찾기)

Have students list possible or unusual uses of a brick, pencil, etc.

Example) Brick (벽돌은 원래 집을 지을 때 사용하는 것이지만, unusual uses 로는 책꽂이, 화분 등으로 사용)

---

25) Guilford, 1967.

- Book shelf - Flowerpot -_____ -_____	
Pencil _____ _____	
Clip _____ _____	
Straw _____ _____	

3.6. What if...(만약 ...이라면)

"What if~"활동은 학생들은 주어진 상황의 어떤 요소들이 달라졌다면 무엇을 듣고 무슨 일이 일어날 것인지 상상해볼 것을 요구받는다. 그럼으로써 영어 학습자들의 유연성(flexibility)을 향상시키고 다양한 영어표현을 연습할 수 있다.

What If~
Question 1) What if electricity didn't exist?
- The universe would not exist. - We wouldn't be able to watch TV, goon the computer, talk on the phone. - Transport would be animal-driven or human-powered.
Question 2) What if all laws were repealed tomorrow?
- -
Question 3) What if all schools were to close tomorrow?
- -
Question 4) What if you no longer had a car?
- -

3.7. Characteristically Thinking (특징을 찾아내는 사고)

Characteristically thinking은 주어진 사물의 속성과 특징을 찾아 내는 연습이다. 영어 학습자는 주어진 사물의 속성과 특징을 우선 6가지 범주로 세분화 시킨 후, 각각의 범주에 속하는 보다 더 세분 화 된 특징과 속성을 적는다. 아래의 예문은 크게 6가지 범주를 다 음과 나누었다. 1) has weight-무게 있는 것으로 사용할 수 있는 것, 2) made of metal-금속으로 사용할 수 있는 것, 3) flexible-유 연성 있게 다른 목적으로 사용할 수 있는 것, 4) can be cut-잘라 서 사용할 수 있는 것, 5) portable-들고 다닐 수 있는 형태, 6) has color-색깔이 있다면 어떻게 사용할 수 있는지? 등의 범주 안 에서 세부화 된 사용 용도를 적어본다.

예를 들어 범주 (2)에서 made of metal-금속으로 사용할 수 있는 용도는 옷걸이(coat hanger)가 금속으로 되어있다면 전기나 열을 전도할 수 있고 녹여서 사용할 수 있다고 적었다.

Characteristically Thinking[26]					
has weight		made of metal		flexible	
	- anchor		- conduct electricity		- picture hook
	- paper weight		- conduct heat		- clean out drain
1	-	2	- melt down	3	-
	-		-		-
	-		-		-
	-		-		-

	Coat Hanger				
can be cut		**portable**		**has color**	
	- nails		- leash		- signal
	- hooks		- wire		- metal art
4	- rings	5	- spring	6	- mark a spot
	-		-		
	-		-		
	-		-		

4. 정교성 (Elaboration)을 격려하는 활동들

세 번째 단계는 정교성 (elaboration)이다. 정교성은 주어진 아이디어를 보다 명백하게 나타내기 위해서 일련의 아이디어를 첨가하거나 또는 미화하는 능력이다. 이 영역에는 평가하기, 비평하기, 판단하기, 측정하기, 비교평가하기, 선택하기 등이 있다 (Torrance, 1979).

---

26) Divergent thinking

<표 12. 정교성 영어활동 예문들과 학생작문>

a) 문장을 완성하시오	
When I make errors, I feel...	– I feel unhappy. – I feel shame.
b) 문장 더하기	
Somebody Wanted But So	My uncle to get the full score in math exam He didn't get it He decided to study hard for the next exam
c) 문장 표현하기	
It's a good person.	– He likes to help a poor boy by donating money to the City Hall.

4.1. 문장 완성하기 (Completing sentences)

주어진 미완성된 문장에 영어 학습자의 생각과 의견을 더해 완성된 영어 문장을 만드는 연습으로써 영어 학습자 자신의 경험과 반응을 표현한다. 영어 학습자들의 생각과 의견에 기초하여 다양하고 창의적이며 재미있는 답변을 적도록 격려한다.

Completing Sentences
1. When I have 1 million dollars, _____
2. If I could be invisible for a day, _____
3. If I could be as small as a bug, _____
4. If I go to the airport early, _____
5. The atmosphere of our class is _____

4.2. 문장 확대하기 (Expanding sentences)

　질문에 영어 학습자는 답변을 하기 위해서 주어진 형용사들을 사용하여 답변 문장들을 보다 세련되고 정확하게 표현하는 연습이다. 영어 학습자들의 영어로 작성하는 답변 문장들을 보다 더 쉽고 잘 표현할 수 있도록 주어진 샘플 단어들을 충분히 활용하여 답변을 만든다. 또한 육하원칙에 따라 문장을 확대하는 연습도 예문처럼 시도할 수 있다.

Expanding Sentences

You have just gone to the movies. Describe the film that you saw by using the given words.
Vocabulary: gripping, exciting, interesting, impressive, fascinating, etc.

Rule: Study the example to learn how to expand a sentence by answering the questions who, what, where, or when, and why.[27]

The storm damaged it.
WHO: The _fierce thunderstorm_ damaged it.
WHAT: The fierce thunderstorm damaged _the power lines_.
WHERE or WHEN: _Yesterday_ the fierce thunderstorm damaged the power lines.
WHY: Yesterday the fierce thunderstorm damaged the power lines _because the winds were so strong_.

The child lost it.
WHO:
WHAT:
WHERE or WHEN:
WHY:

The boy practiced.
WHO:
WHAT:
WHERE or WHEN:
WHY:

27) http://blog.naver.com/hellomrko

4.3. Somebody Wanted But So (SWBS)....

　SWBS 전략은 영어 학습자로 하여금 갈등과 해결 같은 소설과 이야기의 줄거리 요소들을 이해할 수 있도록 도와준다. 이 전략은 읽기 하는 동안 또는 이야기를 읽은 후에 사용될 수 있는 전략이기도 하다. 영어 학습자들은 주어진 워크시트에 Somebody 칸에는 이야기의 인물들을 적고, Wanted 칸에는 이야기의 목적 도는 동기를, But 칸에는 이야기 속에서 당면한 갈등과 문제가 무엇인지를 적는다. 그리고 마지막으로 So 칸에는 갈등과 문제의 해결이 어떻게 되었는지를 적는다.

Plot Chart (SWBS)	
Somebody	example) Steve _____
Wanted	example) to build a house _____
But	example) he didn't have wood _____
So	example) he went to the store to buy some. _____

4.4. From Word To Word[28)]

    주어진 단어를 가지고 관련된 단어들로 나누어 보고 그 단어들의 연관성을 다시 생각하고 연결하여 새로운 단어로 만들어 보는 연습이다. 이 연습을 통하여 각각의 영어 학습자들은 영어 단어를 인식하는 방향과 성향이 서로 다르다는 것을 알 수 있게 된다. 또한 학습자들은 동료 학생들의 결과물을 보면서 자신들이 생각하지 못한 영어 단어들과 생각들을 배울 수 있는 기회가 될 수 있다. 아래 워크시트에서 알 수 있듯이 학습자들의 영어 실력에 따라 다양하게 네모 칸을 늘리고 각각의 네모 칸을 단순하게 또는 복잡하게 연결시키는 형태를 만들 수 있다.

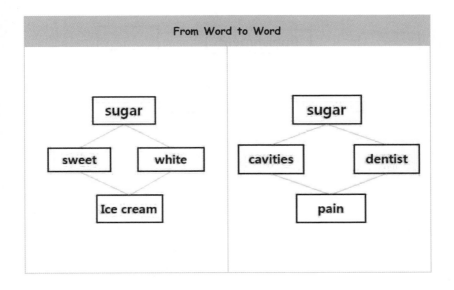

28) by Christine Frank, author of Challenge to Think, OUP

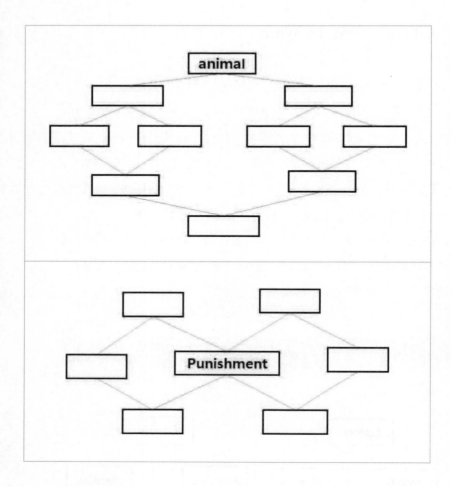

4.5. K-W-L[29]

K-W-L 연습은 소설과 이야기를 읽기 전 영어 학습자들의 선험 지식 (prior knowledge)을 이끌어 내기 위해 앞으로 읽은 소설이나 이야기의 주제 또는 주제어를 가지고 영어 학습자가 무엇을 알고

---

29) www.readingquest.org

있는지 (what do you **know**?)를 적는다. 그 다음으로 무엇을 배우기를 원하는지 (what do you **want** to know?)를 적는다. 마지막으로 이야기 또는 소설을 읽은 후에 무엇을 배웠는지 (what did you learn?)를 적는다.

K (Know)	W (Want to know)	L (Learned)
Topic 1: Changes in American society - who lives in the United States, where they live, and how they live		
Topic 2: American cultural trends - literature, art, music, television, movies, sports		
Topic 3: Energy, the economy, and the environment - technology, energy supplies, business, kinds of work people do		

4.6. 문장과 문단을 다듬기
(Embellishing Sentences and Paragraphs)

세 개 또는 네 개 이상의 영어 문장들을 잘 요약하여 문장의 뜻
과 의미를 그대로 전달 할 수 있는 한 문장으로 만드는 연습이다.
또는 제시된 한 문장의 의미를 보다 세련되고 이해 가능하게 하기
위해 몇 개의 문장을 첨가하는 연습도 할 수 있다.

Embellishing Sentences and Paragraphs
I don't like to be late when I have an appointment. I don't like to be late when I go to the movie. I don't like to be late when I go to school. I don't like to be late when I am invited somewhere. (In fact) I am a very punctual person.
I don't like to eat beef and fork. I do like much to eat lettuce and cabbage. (In fact) ....
This apartment includes a refrigerator and a washer Furniture is equipped in place so I do not need to buy them. (In fact) ....

It's a good book.
I've just read a book that impressed me very much.
The author succeeded in creating a work that is both exciting and intelligent.

I liked this film.

....

....

Seoul is a very beautiful city.

....

....

Tom is a charming boy.

....

....

4.7. It Depends on What?

아래의 예문 (1)처럼 주어진 질문에 학습자들은 먼저 어떠한 상황과 환경에 처해져 있는지를 "It depends on~"의 표현을 사용하여 답변한다. 그리고 두 번째와 세 번째의 답변에서는 그 상황과 환경의 가능한 상황과 불가능한 상황을 가정하여 각각의 예상되어지는 상황을 묘사해 본다.

	It Depends on What?[30]
1	Are you going to go on a picnic tomorrow? - It depends on the weather. - If I rains, I'll stay home. - If it's sunny, I'll go
2	Are you going to buy that coat? - It depends on .... - If .... - If ....
3	Are you going to play computer games tonight? - It depends on .... - If .... - If ....
4	Are you going to watch TV tonight? - It depends on .... - If .... - If ....
5	Do people always wear suits to work? - It depends on .... - If .... - If ....
6	Do you wear a sweater everyday? - It depends on .... - If .... - If ....
7	Do you always take a taxi to work? - It depends on .... - If .... - If ....

30) www.bogglesworldesl. com

5. 독창성 (Originality)을 고무시키는 활동들

네 번째 단계는 독창성 (originality)이다. 독창성은 독특하면서 새로운 아이디어를 생산하는 능력이다. 이 영역에 해당되는 영어활동은 새로운 줄거리 구상하기, 새롭게 재구성하기, 통합하기, 새롭게 재편성하기, 새롭게 변경하기, 재배열하기, 창조하기 등이다 (Torrance, 1979).

<표 13. 독창성 영어활동 예문들과 학생작품>

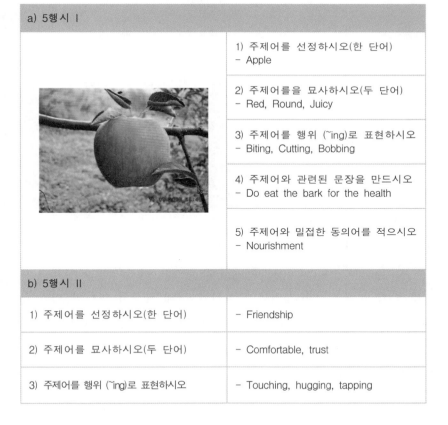

a) 5행시 I	
	1) 주제어를 선정하시오(한 단어) - Apple
	2) 주제어를을 묘사하시오(두 단어) - Red, Round, Juicy
	3) 주제어를 행위 (~ing)로 표현하시오 - Biting, Cutting, Bobbing
	4) 주제어와 관련된 문장을 만드시오 - Do eat the bark for the health
	5) 주제어와 밀접한 동의어를 적으시오 - Nourishment
b) 5행시 II	
1) 주제어를 선정하시오(한 단어)	- Friendship
2) 주제어를 묘사하시오(두 단어)	- Comfortable, trust
3) 주제어를 행위 (~ing)로 표현하시오	- Touching, hugging, tapping

4) 주제어와 관련된 문장을 만드시오	- Do not lie to your friend.
5) 주제어와 밀접한 동의어를 적으시오	- Glass (친구가 내 맘을 유리 보듯이 다 보기 때문에)
c) 상상력	
1) Subject을 선정하시오	- Pine tree
2) Sympathetic: 공감	- If I were a pine tree, I'd feel like a solider at attention.
3) Concrete : 구체적으로 소나무로 할 수 있는 것	- Making fire - Christmas Tree
4) Representational : 소나무가 대표하는 것	- Always, forever, straight, honest
5) Imaginary : 상상 속에서 소나를 가지고 할 수 있는 것	- Making a friend who listen to my story

5.1. Cinquain Poetry I

주어진 사물을 가지고 5행시(cinquain poetry)를 만들어 보는 연습으로 영어 학습자는 워크시트 오른쪽의 지시들(directions)에 따라 빈 칸을 채운다. 예를 들자면, 첫 번째 행에서는 5행시의 주제어를 적고, 두 번째 행은 주제어를 2개의 단어를 사용하여 묘사해 본다. 세 번째 행에서는 주제어를 묘사하기 위해 ~ing의 형태의 영어단어를 세 가지를 선택한다. 네 번째 행에서는 주제어를 묘사할 수 있는 문구를 영어로 작성한다. 마지막으로 주제어와 같은 의미를 지닌 동의어를 선택한다.

Cinquain Graphic Organizer I

Example)

1) Mirror

2) Shine, Reflect

3) Breaking, Facing, Stealing a glance(엿보다)

4) Know yourself!

5) Myself

1) 5행시를 위한 주제어 하나를 선택

2) 주제어를 묘사하는 두 개의 단어 선택(형용사, 동사, 부사 무방)

3) 주제어의 동작을 묘사하는 세 개의 단어 선택(~ing형으로)

4) 주제어를 묘사하는 문구 작성

5) 주제어와의 동의어 선택

	One word that tells what your poem is about (its subject)
	Two words that describe your subject
	Three action ~ing words that describe something your subject does
	A phrase that describes something else about your subject
	One or two words that rename what your poem is about (a synonym)

5.2. Cinquain Poetry II[31]

영어로 5행시를 만드는 다른 형태의 연습으로써 영어 학습자는 워크시트 오른쪽에 제시된 지시(direction)에 따라 5행시를 예문처럼 작성해 본다. 이와 같은 5행시는 영어 학습자들이 더 많이 언어적으로 섬세한 시를 창작하는 것을 돕도록 안내자 역할을 할 수 있다. 더 나은 언어적 구조를 제공하고 5행시를 창작할 때 창의적이며 세련된 작품이 되도록 하기 위해 Christensen(1977)은 학생들이 사진이나 그들 자신의 물건들을 5행시를 위한 기초로 이용 및 활용하도록 제안한다.

Cinquain Graphic Organizer II	
Example 1) 1) Zoo 2) Funny monkeys 3) Acting like acrobats 4) A life of fun 5) Circus	Line 1: 한 단어로 주어를 말하라 Line 2: 두 단어로 주어를 묘사하라 Line 3: 세 단어로 주어에 관한 행동을 　　　　묘사하라 Line 4: 네 단어로 주어에 관한 감정을 　　　　표현하라
Example 2) 1) Rain 2) Falling water 3) Jumping, dancing, showering 4) How happy you seem! 5) Fun	Line 5: 주어를 또 다른 한 단어로 재 　　　　진술하라, 단 이미 말 한것들이 　　　　반영되도록 하라

---

31) Allen and Valette, 1997; Boylan and Omaggio, 1975; Knorre et al., 1977.

Practice (car)	
1)	Line 1: State the subject in one word.
2)	Line 2: Describe the subject in two words.
3)	Line 3: Describe an action about the subject in three words.
4)	Line 4: Express an emotion about the subject in four words.
5)	Line 5: Restate the subject in another single word, reflecting what you have already said.

5.3. Diamante Poetry[32]

Diamante란 단어의 뜻은 디아망테 장식을 한 천 또는 드레스로써 인조 보석 따위 번쩍이는 장식한 드레스를 지칭한다. 다시 말하자면 디아망테 시는 더 복잡한 형태로써 더 높은 수준의 시를 창작할 수 있도록 안내한다. 선생님들은 학생들이 소그룹으로 diamante 시를 짓도록 하거나 혹은 특별히 시 쓰는 것에 흥미를 가진 학생들을 위해 이 형태를 사용할 수 있다.

---

32) Wermuth,1976

Diamante Poetry	
Example) 1) Seed 2) Dry, wrinkled 3) Stirring, reaching, growing 4) Roots, sprouts, leaves, bud 5) Blossoming, opening, spreading 6) Wondrous, graceful 7) Flower	학생들에게 아래의 형태를 이용하여 7줄의 시를 쓰도록 한다. Line 1: 하나의 명사 Line 2: 두 개의 형용사 Line 3: 세 개의 동명사 Line 4: 네 개의 명사(처음 두개는 첫줄과 동의어고 다음 두개는 일곱 번째 줄과 동의어) Line 5: 일곱 번째 줄의 명사를 묘사하는 동명사 세 개 Line 6: line 7의 명사를 묘사하는 2개의 형용사 Line 7: line 1의 명사와 반대되는 명사 또는 더 발전된 명사(태양 → 달, 씨앗 → 꽃)
Practice (a teacher)	
	Line 1: A noun
	Line 2: Two adjectives
	Line 3: Three gerunds
	Line 4: Four nouns (the first two synonymous with line 1; the last two synonymous with line 7)
	Line 5: Three gerunds describing the noun in line 7
	Line 6: Two adjectives describing the noun in line 7
	Line 7: A noun that is the opposite of the noun on line 1, or what that noun has developed into

5.4. Habits of Mind[33]

 영어학습자들은 소그룹을 이루어 그룹이 원하는 색을 하나 결정
하고 그 색이 묘사할 수 있는 것들을 상상해 본다. 그 색깔이 마음
에 와 닿는 소리나 맛, 그 색에 대한 개인적은 반응들, 또는 그 색
이 연상시키는 친숙한 물건도 그 문장에 포함된다.

 또는 색 대신에 아이콘(icon)을 선택하여 그 아이콘에 관한 habit
of mind(사물의 기질, 성질)의 정의를 만들어 보고 사물의 성질을
청각적, 시각적, 및 감정적으로 표현한다. 친숙한 사물을 활용함으
로써 영어에 대한 두려움을 느끼는 학습자들을 도와 줄 수 있으며
창조성을 발휘 할 수 있도록 이끌어 준다. 학습자들의 작품들은 동
료 학습자간 공유할 수 있는 기회도 줄 수 있다.

Habit of Mind	
Icon	.... IS Habit of Mind .... Definition

---

33) Costa, A. L., & Kallick, B. (Eds). (2000). *Habits of mind: A developmental series*. Alexandria, VA: Association of Supervision and Curriculum Development.

SOUNDS like	LOOKS like	FEELS like

5.5. 단어 연결 게임[34]

영어 학습자들은 주어진 워크시트에 제시된 단어를 창의적으로
연결하도록 요구되어진다. 첫 단어와 관련 있는 한 단어를 밑에 적
으면서 계속적으로 관련 있는 단어들을 연결하여 나열할 수 있다.
연결된 일련의 단어 목록들은 하나의 스토리를 만들어 갈 수 있는
이야기의 뼈대가 될 수도 있다.

---

34) Debyser and Laitenberger (1976).

Word Connecting Game			
fire	love	earth	rain

5.6. Metaphors (은유)[35]

Metaphors (은유)는 다른 무언가와 비유함으로써 주어진 사물을 묘사하는 상상력이 풍부하며 창의적인 방법이다. 예를 들자면 "Dan is tall,"이란 문장을 은유적인 표현으로 묘사한다면 "Dan is a giant"라고 표현할 수 있다. 이러한 방식으로 영어 학습자들은

---

35) www.bogglesworldesl.com

주어진 워크시트에 제시된 단어들을 가지고 은유적인 표현을 적어
본다.

Metaphors	
Use a metaphor to describe someone who is:	
tall	He is a giant.
kind	She is an angel.
fast	
slow	
smart	
fat	
sneaky	
angry	
beautiful	
ugly	
stubborn	
short	
thin	
silly	
scared easily	

5.7. 감정 이입하기 (Empathizing an Inanimate Object)

감정 이입하기는 주변에 있는 다양한 사물들을 가지고 영어 학습자의 창의적이며 참신한 아이디어를 끌어낼 수 있는 좋은 방법이다. 그냥 지나치기 쉬운 사물을 가지고 "저 사물이 나라면?"이라는 가정을 가지고 그 사물에 대하여 체계적으로 감정이입을 하면서 창의적 사고와 더불어 영작문 실력을 향상시킬 수 있다. 아래의 워크시트에서 Concrete 칸은 주어진 사물을 가지고 구체적 및 실제적으로 사용할 수 있는 것들을 적는다. Representational 칸에서는 주어진 사물이 대표하는 것들을 적어본다.

예를 들면 가로등이 대표하는 것은 어둠에서 길을 밝혀주기 때문에 guiding이라고 적을 수 있을 것이다. 마지막으로 Imaginary 칸에서는 주어진 사물을 가지고 상상 속에서 할 수 있는 것들을 적어본다. 예를 들면, 가로등은 바다 깊은 곳에 가로등을 설치하여 물고기들이 어둠속에서 수영을 잘 할 수 있도록 도와주는 것을 상상해 볼 수 있다. 비현실적이라도 영어 학습자들이 영어로 표현을 하도록 요구되어질 필요가 있다.

Empathizing an Inanimate Object

Example)
Sympathetic: If I were a pine tree, I'd feel like a soldier at attention.

Object 1) Street Light / Object 2) Mirror

Object 1) Street Light

Sympathetic	If I were a street light, I'd feel like..
Concrete	
Representational	
Imaginary	

Object 2) Mirror

Sympathetic	If I were a mirror, I'd feel like..
Concrete	
Representational	
Imaginary	

5.8. 의성어 사용하여 영작하기[36]

영어의 다양한 의성어 표현을 가지고 영어 학습자들이 이야기를
창의적으로 만들어 가는 활동이다. 아래의 워크시트에서 크게 평하
는 소리는 학생들의 배경지식에 따라 총소리로 인식할 수 있고 샴
페인 마개가 터지는 소리로 인식할 수 도 있을 것이다. 이러한 다
양한 배경지식에 기초한 이해에 따라 영어 학습자의 다양성과 창
의성이 도출 될 수 있다.

Using Sounds to Create Stories			
HEAVY BREATHING	CONCERT + MEOWING	HEAVY THUD	LOUD POP
Someone is in a hurry	The person running after the cat went into a concert hall	The pianist gets upset and throws the cat backstage	The pianist can't get rid of the cat, so he shoots it
Someone is afraid	It's burglars who meow like a cat when they hear someone in the room	The burglars knock out the apartment owner when he surprises them	The burglars celebrate their success with a bottle of champagne
Someone is running on the road	....	....	....

---

36) Grellet, F. (1976). Developing Reading Skills. Cambridge Language Teaching
Library.

다음은 영어의 다양한 의성어들을 모아 정리하였다. 세 개 또는 네 개의 의성어들을 서로 연결하여 영어 학습자들이 창의적인 스토리를 만들어 볼 수 있다.

Various English Sounds

rap – 톡톡	clank – 절꺽절꺽
slap – 찰싹	cling – 땡그랑
tap – 똑똑	crack – 획/ 딱/ 땅/ 짝
pop – 펑	creak – 삐걱삐걱
flip – 톡 튀기다	knock – 똑똑
pump – 쿵, 쾅	whizz – 윙/ 픽/ 획
dump – 털썩	toot – 뚜뚜뚜(나팔소리)
thump – 툭	flicker – 깜박깜박
clash – 쟁강쟁강	glimmer – 반짝반짝
crash – 와그르르	toddle – 아장아장
splash – 철썩철썩	chug-chug – 통통(발전기소리)
babble – 졸졸, 재잘재잘	puff-puff – 칙칙폭폭
rattle – 덜컹덜컹	ring-ring – 따르릉
jingle – 딸랑딸랑	tap-tap – 툭툭
tinkle – 찌르릉	ding-ding – 땡땡
trickle – 찔끔찔끔	flip-flip – 덜컥덜컥
flutter – 퍼덕퍼덕	tick-tack – 똑딱똑딱
caltter – 덜컥덜컥	bubble – 부글부글
patter – (비가) 후드둑	Pop Pop – 깡충 깡충
ring – 땡땡땡(종소리)	Boom! Boom! – 쾅(대포)
bang – 탕!(총소리)	br-br-br... – 부르르릉
ping-pong – 탁구치는 소리	tip-tap – 뚜벅뚜벅(구두)
loping – 철썩 철썩	tick-tack – 똑딱(시계)
	clang clang – 땡그랑

5.9. 사진 분석하기[37)]

사진은 영어 학습자들의 창의력을 향상시키기 위해 다양한 방식으로 사용되어질 수 있다. 제시된 사진을 가지고 3가지 단계 (the literal level, the interpretive-applied level, the imaginative level)로 분석을 한다. 1단계인 the literal level은 사진 속에서 관찰되어질 수 있는 모든 사물(observable facts)들을 나열하는 단계이다. 2단계인 the interpretive-applied level는 사진의 사물을 근거로 유추하는 단계이다.

다시 말하자면, 이 단계는 제시된 사진으로부터 충분히 가능한 추론을 찾아내는 단계이다(highly probable inferences drawn from the facts above). 예를 들자면 "It is a somewhat cool day"는 사진에 등장하는 사람이 긴팔을 입었거나 점퍼를 입었다면 이와 같은 추론은 가능하다. 마지막으로 3단계는 상상을 할 수 있는 the imaginative level이다. 이 단계에서는 사진의 사물을 기초로 증명할 수 없는 추측(unverifiable speculation)과 상상을 하는 단계이다. 그러나 이 단계에서는 지나치게 억측을 하기 보다는 구체적이고 논리적이며 이해 가능한 픽션의 범위를 벗어나지 않는 것이 중요하다. 예를 들자면, "All six arrive together"는 사진에 6명의 사람들이 테이블에 둘러 앉아 있지만 여섯 명 모두가 함께 도착했는지는 사실상 증명할 수 없는 추측이며 상상이다.

---

37) Scanlan, Timothy M. (1980). Another Foreign Language Skill: Analyzing photographs. Foreign Language Annals, Vol. 13(3), pp. 209-213.

Analyzing Photographs
Example
(1) The Literal level (Observable facts) - No one is looking at the camera. - One of the six is standing.
(2) The Interpretive-applied level   (Highly probable inferences drawn from the facts above) - It is a somewhat cool day. - All are unaware that they are being photographed.
(3) The Imaginative level   (Speculation and Unverifiable Hypotheses) - All six arrive together. - The prices are high in this café.

Analyzing Photographs
 Example
Observable facts

1	
2	

3	
4	
5	
6	
7	
8	
9	

Highly probable inferences drawn from the facts above

1	
2	
3	
4	
5	
6	
7	
8	

Speculation and Unverifiable Hypotheses

1	
2	
3	
4	
5	
6	

5.10. 만화 분석하기

스토리가 있는 만화는 외국어로써 영어를 배우는 학습자들에겐 영어 독해능력과 더불어 등장인물 간 영어 대화를 학습할 수 있는 좋은 소재가 될 수 있다. Cartoon Analysis Worksheet는 단순히 만화의 이해만을 요구하는 것이 아니라 세부적인 언어적인 분석능력 또한 요구한다. 예를 들자면, 만화에서 보이는 사물들을 영어로 적어보던지 아니면 영어 학습자 자신이 만화를 이해하고 영어로 제목을 만들어 보도록 요구한다. 뿐만 아니라, 만화의 배경, 등장인물, 그리고 등장인물 간의 관계, 만화의 주제에 동의하는지 아니면 반대하는지에 관한 영어 학습자의 의견을 물어본다. 또 다른 만화 워크시트들에서는 등장인물들의 영어 대사들을 비워놓고 영어 학습자들이 창의적이며 독창적이며 재미있는 영어 대사들을 창작을 요구한다. 주어진 만화의 상황, 등장인물들의 표정 및 제스처들과 같은 증거들(clues)을 가지고 충분히 이해 가능한 영어 대사를 만드는 연습은 영어 학습자들의 창의성과 영어능력 향상을 도모할 수 있다.

<Cartoon Sample>38)

38) http://www.universaluclick.com/comics/strip/forbetterorforworse

Cartoon Analysis Worksheet[39)]	
Level 1	
Visuals	Words (not all cartoons include words)
1. List the objects of people you see in the cartoon.	1. Identify the cartoon caption and/or title.
	2. Locate three words or phrases used by the cartoonist to identify objects or people within the cartoon.
	3. Record any important dates or numbers that appear in the cartoon.
Level 2	
Visuals	Words
2. Which of the objects on your list are symbols?	4. Which words of phrases in the cartoon appear to be the most significant? why do you think so?
3. What do you think each symbol means?	5. List adjectives that describe the emotions portrayed in the cartoon.

Level 3
A. Describe the action taking place in the cartoon.
B. Explain how the words in the cartoon clarify the symbols.
C. Explain the message of the cartoon.
D. What special interest groups would agree/disagree with the cartoon's message? Why?

<Cartoon sample (2)>40)

---

39) Developed by the Educational Staff, National Archives and Records Administration Washington, DC 20408.
40) http://www.universaluclick.com/comics/strip/baldo

Creating Cartoon Captions 1
Girl's caption 1: ....
Girl's caption 2: ....
Girl's caption 3: ....

<Cartoon sample (3)>[41]

Creating Cartoon Captions 2	
1	son: .... Mom: ....
2	son: .... Mom: ....
3	son: .... Mom: ....

41) http://www.universaluclick.com/comics/strip/adamathome

5.11. SCAMPER

Eberle(1971)가 Osborn의 질문 리스트 (1. 타용도: 다른 용도는 무엇인가? 2. 적용: 적용할 수 있는 비슷한 것은? 3. 수정: 다르게 고치면? 4. 대치: 다른 것으로 바꾸면? 5. 확대: 더 크게 하면? 6. 축소: 더 줄이면? 7. 재배열: 다르게 배치면? 8. 도치: 거꾸로 하면? 9. 결합: 서로 연결시키면?)를 발전시켜 7가지 질문에 핵심 단어들의 첫 철자를 따서 기억하기 좋게 SCAMPER란 학습법을 계발하였다. 단계별 질문은 구체적으로 보면 다음과 같다.

첫째, S(substitute? 대치시키면?)는 주어진 단어나 상황을 다른 무언가로 대치할 수 있는가를 생각해 본다.

둘째, C(combine? 조합하면?)는 다른 것과 서로 혼합 및 조합, 또는 아이디어를 하면 어떠한 다른 것이 생성할 수 있을까를 생각한다.

셋째, A(adapt? 적응시키면? 또는 맞도록 고치거나 수정한다면?)는 상황과 문맥에 맞도록 고치거나 다른 것으로 이용 및 활용할 수 있는 아이디어를 만들어 본다.

넷째, M(modify-magnify-minify? 수정-확대-축소하면?)은 다방면으로 주어진 단어와 상황 및 문맥을 변형해 보려는 흥미로운 시도가 될 수 있다. 그러기 위해서는 줄이거나, 늘리거나, 확대하거나, 축소하거나 등의 여러 가지 시도를 하여 기대하지 않은 아이디어를 끌어내는 단계이다.

다섯째, P(put to other use? 다른 용도로 사용한다면?)는 여러 가지 아이디어를 총동원하여 하나의 틀에 박힌 사용 목적을 뛰어넘는 다양한 용도를 생각해 보는 단계이다.

여섯째, E(eliminate? 제거한다면?)는 주어진 단어와 상황 및 문맥이 없다면 어떻게 될까? 라는 것을 가상으로 생각하여 발생되어 질 수 있는 여러 가지 아이디어를 만들어 보는 단계이다.

마지막으로 R(reverse? 거꾸로 하면?)은 자연법칙에 따라 순응하고 움직이는 것들 또는 기존의 틀과 사고방식을 반대로 생각하거나 원인과 결과를 바꿈으로서 생기는 아이디어를 만들어 보는 단계이다. 아래의 예문을 참조하고 빈 워크시트의 영어 학습자의 의견을 영어로 적어보는 연습을 해 볼 수 있다.

S.C.A.M.P.E.R.	
(TASK or Item) How could you improve a pumpkin?[42)]	
Substitute	Make the flesh purple instead of yellow to give a better contrast when you cut them open.
Combine	Make the skin more tasty so you can blend the fruit and the peel together when you make soup.
Adapt	Make the outside easier to peel by crossing it with a fruit you peel with your fingers or with a skin you eat.
Modify	Make miniature pumpkins like yellow squash.
Put	Add sugar to make the pumpkin flesh sweet.
Eliminate	Get rid of the seeds - like a seedless watermelon.
Reverse	Have a variety with the seeds on the outside of the vegetable so it's easier to harvest for those wanting the pumpkin primarily for the seeds.

S.C.A.M.P.E.R.[43]	
(TASK or Item) Umbrella (우산)	
Substitute	다르게 사용할 수 있는 곳은? 예) 구멍 파는 데, 때리는 데 Your ideas? ....
Combine	Your ideas? ....
Adapt	다른 용도로 사용하려면 어떻게 고쳐야(수정) 할까? 예) 밤길에 사용하려면 손잡이에 손전등을 달아야 Your ideas? ....
Modify	더 크게 하면 어떻게 될까? 예) 두 배로 하여 두 사람이 쓸 수 있게 Your ideas? ....
Put	Your ideas? ....
Eliminate	Your ideas? ....
Reverse	Your ideas? ....

---

42) Graphic Organiser – Primary Example (2008). Victorian Essential Learning Standards (Victorian Curriculum and Assessment Authority).
43) 김영채(2007). 창의력과 이론과 개발: 7장 발산적 사고의 사고도구(II), p. 243에서 일부 발체 및 인용함.

Ⅳ. 맺음말

>>>>>>>>>

영어를 통한 창의적 사고와 표현

Ⅳ. 맺음말

영어 학습은 외국어를 공부해야 한다는 학습목표를 가지고 하나의 정확한 답을 찾으려고 하는 수렴적인 영어 학습이 가장 이상적이라고 인식해왔다. 과학, 수학, 그리고 예체능과 달리 영어 학습에서 창의성을 논한다는 것은 어쩌면 사치라고 생각했는지도 모른다. 왜냐면 창의성을 논하기 전에 영어 학습자가 해야 할 것은 단어를 외우며 문법을 터득하여 영어 문장을 해석할 줄 알아야 하며 영어로 표현할 수 있어야 하기 때문이다. 이러한 기초적인 능력을 먼저 습득하지 않은 상태에서 외국어 학습의 창의성을 계발한다는 것은 무의미 할 수 있다. 그러나 본 책자에서 언급했듯이, 영어 학습에

서 창의성을 계발한다는 것은 사치도 아니며 영어의 언어적 기초
능력을 함양한 후 나중에 해야 하는 것도 아니라는 사실을 인지할
필요가 있다. 다시 말해, 외국어로써 영어 학습에서 창의성이란 토
랜스가 언급했듯이 수렴적인 사고행위 보다는 발산적인 사고행위
와 밀접한 관련이 있으며 창의성 계발은 그 발산적인 사고행위와
함께 통합적으로 계발되어져야 하는 것이다. 발산적 사고행위의 요
소인 유창성, 유연성, 정교성 그리고 독창성의 네 가지 단계를 통
한 발산적 영어교수 및 학습 기법은 영어 학습자로 하여금 자신의
아이디어를 영어로 표현할 수 있는 적극적인 동기를 유발 할 수
있으며 영어에 대한 흥미와 자신감을 심어 줄 수 있다. 따라서 발
산적 영어교수 및 학습 기법은 보다 더 다양할 필요가 있으며, 보
다 더 적극적으로 학습자에게 다가갈 필요가 있는 것이다. 그렇다
면, 영어교육에서 창의적 사고계발을 위한 교수 및 학습전략은 위
에서 언급한 발산적 영어교수 및 학습기법을 어떻게 영어수업에
통합하는가이다. 따라서 본 책자에서 제안하고 교실 현장에서 창의
성 사고계발을 위하여 다음과 같은 몇 가지 교수 및 학습 전략들
을 제안하고자 한다.

　첫째, 창의적 사고 개발을 위한 영어수업의 내용은 반드시 영어의
　　　　언어적 목표가 있는 것처럼 똑같이 창의적인 사고계발을 위
　　　　한 목표 (유창성, 유연성, 정교성, 및 독창성)도 함께 포함
　　　　되어져야한다.

　둘째, 영어수업에 창의적 사고계발을 위해 역할극, 브레인스토밍,
　　　　토의와 같은 영어 교수기법 및 영어활동의 영역을 넓혀주는
　　　　워크시트 (worksheets)를 사용해야 한다.

셋째, 영어수업은 학생들의 선험지식 (the prior knowledge)을 이끌어내기 위해 다양한 시각적 자료 및 삽화를 충분히 이용해야 한다.

넷째, 영어수업은 창의적 사고계발은 동료와의 정보 및 아이디어를 공유하고 영어 학습자의 발화기회를 많이 부여하기 위하여 반드시 소집단 활동을 사용해야 한다.

다섯째, 영어수업의 창의적 사고계발을 위해서는 지나친 언어중심으로 인한 정확성을 목표로 하는 오류-수정이 최소화 되어져야 한다.

여섯째, 영어수업의 창의적 사고계발을 위해서는 하나의 정답만을 요구하는 수렴적 교수-학습과정 뿐만 아니라 여러 개의 답을 요구하는 발산적 교수-학습과정이 필요하다.

일곱째, 영어수업은 언어가 평가되듯이 학생들의 창의적인 아이디어와 이해도 반드시 평가되어져야 한다.

본 저서를 통하여 영어교수 및 학습방법도 타 과목에서 강조하는 창의적 사고계발을 활성화 시킬 수 있고 그 필요성 또한 숙지하였다. 얼마든지 우리의 영어교육현장 속에서 영어 학습자로 하여금 재미있고 흥미로운 영어 수업을 진행 할 수 있을 뿐만 아니라 학습자의 언어적 능력 및 창의적 사고계발 모두 향상 시킬 수 있는 것이다. 하지만 영어 교육이 지나친 언어의 형식을 중시여기고 정확성을 성취하기 위해서 오류-수정을 과도하게 사용한다면 창의성과 밀접한 관련이 있는 발산적 사고행위와 활동은 상당한 제약을 받게 된다. 따라서 본 연구는 창의적 사고계발을 영어교실 속으로 통합하기 위해서 7가지 교수-학습 전략을 제시한다. 이러한 전략을 통하여 영어수업이 언어적 형식 (form)에 지식 함양뿐만 아니라 언어의 의미 (meaning)를 이해하고 활용할 수 있어야 한다. 단순히 영어에 대한 지식을 학습자의 머릿속에 채우는 것 (fill) 뿐만 아니라 언어의 지식과 의미를 온 몸으로 느껴야 (feel)한다는 것이다.

▓▓▓▓▓▓▓▓▓▓ 참고문헌 ▓▓▓▓▓▓▓▓▓▓

국립특수교육원(2009). 특수교육학 용어사전.

김영채(2007). 창의력의 이론과 개발. 교육과학사.

손중선, 김정삼(2007). 창의성과 초등영어교육: 단기기억 메커니즘을 통한 창의성 교육의 가능성 고찰. 영어영문학연구 33(1), p. 305-328.

정동빈(1990). 언어습득론. 서울: 한신문화사.

양용칠(1999). 교육의 종합적 이해. 교육과학사.

이흥수(1991). 조기영어교육론의 제 문제. 정동빈(편). 영어교육론. 서울: 한신문화사.

Ausubel, David A.(1963). Cognitive structure and the facilitation of meaningful verbal learning. Journal of Teacher Education 14, pp. 217-221.

Ausubel, David A.(1964). Adults vs. children in second language learning: Psychological considerations. Modern Language Journal 48, pp. 420-424.

Beebe, Leslie M.(1983). Risk-taking and the language learner. In Seliger & Long 1983.

Bowkett, Stephen (2007). 100 Ideas for Teaching Creativity. Continuum.

Brown, H. Douglas.(1990). M & Ms for language classrooms Another look at motivation. In Alatis 1990.

Brown, H. Douglas.(1994, 2000, 2001, & 2002). Teaching by Principles: An Interactive Approach to Language Pedagogy. Englewood Cliffs, NJ: Prentice Hall Regents.

Brown, H. Douglas (2002). Principles of Language Learning and Teaching. Prentice-Hall.

Brooks, J.G., and Brooks, M.G.(1993). In Search of Understanding:

The Case for Constructivist Classroom. ASCD.

Chomsky, Noam.(1966). Linguistic theory. In Mead 1966.

Chomsky, N. (1986). *Knowledge of language: Its nature, origin, and use*. New York: Praeger.

Coopersmith, Stanley.(1967). The Antecedents of Self-Esteem. San Francisco: W. H. Freeman.

Crookes, Graham and Schmidt, Richard W. (1991). Motivation: Reopening the research agenda. Language Learning 41, pp. 469-512.

Dulay, Heidi C. and Burt, Marina K.(1974). Errors and strategies in child second language acquisition. TESOL Quarterly 8, pp. 129-136.

Ehrman, Madeline E.(1993). Ego boundaries revisited: Toward a model of personality and learning. In Alatis 1993.

Gardner, Robert C. and Lambert, Wallace E.(1972). Attitudes and Motivation in Second Language Learning. Rowley, MA: Newbury House.

Graham, C.R.(1984). Beyond integrative motivation: The development and influence of assimilative motivation. Paper presented at the TESOL Convention, Houston, TX, March 1984.

Guiora, Alexander Z., Brannon, Robert C., and Dull, Cecilia Y.(1972). Empathy and second language learning. Language Learning 22, pp. 111-130.

Guiora, Alexander Z. (1980). Language, personality and culture, or the Whorfian hypothesis revisited. In Hines & Rutherford 1980.

Gulford, J. P.(1968, 1977). Intelligence, creativity, and their educational implications. San Diego: Robert R. Knapp.

Hendrickson, James M.(1987). Error correction in foreign language teaching: Recent theory, research, and practice. In Croft 1987.

Heyde, Adelaide.(1979). The relationship between self-esteem and the oral production of a second language. Unpublished doctoral dissertation, University of Michigan.

Hilgard, Ernest.(1963). Motivation in learning theory. In Koch 1963.

Hill, Jane.(1970). Foreign accents, language acquisition, and cerebral dominance revisited. Language Learning 20, pp. 237-248.

Hogan, Robert.(1968). Development of an empathy scale. Journal of Consulting and Clinical Psychology 33, pp. 307-316.

Javis, Gilbert A.(1978). Hypotheses about humanistic outcomes of language study. Canadian Modern Language Review 34, pp. 668-679.

Johnson, Jacqueline S.(1992). Critical period effects in second language acquisition: The effect of written versus auditory materials on the assessment of grammatical competence. Language Learning 42, pp. 217-248.

Kachru, Braj B.(1977). New Englishes and old models. English Language Forum, July.

Kagan, Jerome, Pearson, L., and Welch, Lois.(1966). Conceptual impulsivity and inductive reasoning. Child Development 37, pp. 583-594.

Keefe, J.W.(1979). Students Learning Styles: Diagnosing and Prescribing Programs. Reston, VA: National Association of Secondary School Principals.

Krashen, Stephen.(1977). The monitor model for adult second language performance. In Burt et al. 1977.

Krashen, Stephen.(1985). The Input Hypothesis. London: Longman.

Krashen, Stephen.(1997). Foreign Language Education: The Easy Way. Culver City, CA: Language Education Associates.

Krathwohl, David R., Bloom, Benjamin, and Masia, Bertram B.(1964). Taxonomy of Educational Objectives. Handbook H: Affective Domain. New York: David McKay.

Lambert, Wallace E.(1962). Psychological approaches to the study of language. Modern Language Journal 47. pp. 51-62.

Lawrence, Gordon.(1984). People Types and Tiger Stripes: A Practical Guide to Learning Styles. Gainesville, FL: Center for Applications of Psychological Type.

Lenneberg, Eric H.(1967). The Biological Foundations of Language. New York: John Wiley & Sons.

Lightbow, Pasty M., and Spada, Nina.(1993). How Language are Learned. Oxford University Press.

Long, Michael H.(1990). The least a second language acquisition theory needs to explain. TESOL Quarterly 24, pp. 649-666.

Lukmani, Yasmeen.(1972). Motivation to learn and language proficiency. Language Learning 22, pp. 261-274.

MacIntyre, Peter D. and Gardner, Robert C.(1989). Anxiety and second language learning: Toward a theorretical clarification. Language Learning 39. pp. 251-275.

Macnamara, John.(1975). Comparison between first and second language learning. Working Papers on Bilingualism 7, pp. 71-94.

Malslow, Abraham H.(1970). Motivation and Personality. Second Edition. New York: Harper & Row.

McLaughlin, Barry (1992). "Myths and Misconceptions About Second Language Learning: What Every Teacher Needs to Unlearn" from Educational Practice Report: 5. National Center for Research on Cultural Diversity and Second Language Learning.

McNeil, David.(1966). Developmental psycholinguistics. In Smith & Miller 1966.

Myers, Isabel.(1962). The Myers-Briggs Type Indicator. Palo Alto, CA: Consulting Psychologists Press.

Piaget, J.(1972). The principles of genetic epistemology. New York: Basic Books.

Reynolds, A.(1991). The cognitive consequences of bilingualism. ERIC/CLL News Bulletin 14, pp. 1-8.

Rivers, W.(1964). The psychologist and the foreign language teacher. Chicago: University of Chicago Press.

Roger, C.(1983). Freedom to learn for the eighties. Columbus, OH: Charles E. Merrill.

Rosansky, E.(1975). The critical period for the acquisition of language: Some cognitive developmental considerations. Working Papers on Bilingualism 6, pp. 92-102.

Rubin, J., & Thompson, I.(1982). How to be a more successful language learner: Boston: Heinle & Heinle. (2nd ed.).

Scovel, T.(1988). A Time to speak: A psycholinguistic inquiry into the critical period for human speech. New York: Newbury House.

Shane, Harold G. and David L. Silvernail.(1977). Foreign language study for a world in transition. In June K. Phillips, ed. The language connection: From the classroom to the world. ACTFL Foreign Language Education Series 9. Skokie, IL: National Textbook Co.

Skinner, B. F. (1974). *About Behaviorism*, New York: Vintage.

Snow, C. (1990). Rationales for native language instruction: Evidence from research. In A. M. Padilla, H. H. Fairchild & C. M. Valadez (Eds.), Bilingual education: Issues and strategies (60–94). Newbury Park, CA: Sage.

Spivey, N.(1997). The constructivist metaphor: Reading, writing, and the making of meaning. San Diego: Academic Press.

Stein, Morris I.(1974). Stimulating creativity, Volume I: Individual procedures. New York: Academic Press.

Stevick, E.(1982). Teaching and learning languages. New York: Cambridge University Press.

Torrance, E. Paul. (1962, 1979). Guiding creative talent. Englewood Cliffs, NJ: Pretice-Hall.

Torrance, E.(1980). Your style of learning and thinking, Forms B and C. Athens: University of Georgia Press.

Vygotsky, L.(1978). Mind in society: The development of higher psychological processes. Cambridge, MA: Harvard University Press.

Watkins, D., Biggs, J., & Regmi, M.(1991). Does confidence in the language of instruction influence a student's approach to learning? Instructional Science 20, pp. 331–339.

Williams, Frank E.(1970). A total creativity program for individualizing and humanizing the learning process. Vols.1–5. Englewood Cliffs, NJ: Educational Technology Publications.

부 록 (Worksheets 모음)

>>>>>>>>

A B C Brainstorm

TOPIC

A		N	
B		O	
C		P	
D		Q	
E		R	
F		S	
G		T	
H		U	
I		V	
J		W	
K		X	
L		Y	
M		Z	

Summary Paragraph:

ABCDEFGHIJKLMNOPQRSTUVWXYZ Writing	
Make a sentence by using Alphabetic	ABC (A Baby Cries.) / DEF (<u>D</u>octors <u>e</u>at <u>f</u>ree-cakes)
ABC	DEF
GHI	JKL
OPQ	RST
UVW	XYZ

Event	a day at the beach
Visual details	children playing in the sand
	people lying on the beach and swimming in the water
	sparkling sand with white-speckled shells
	water meeting the blue sky at the horizon
	lifeguard stand and hot dog stand
Sounds	chatter and laughter of children
	parents and children talking
	the lifeguard's warning whistle
	the lapping of the surf against the sand
	the splashing of swimmers
Smells	ocean air
	slight fishy smell
	whiff of roasting hot dogs
	scent of suntan lotion
Tastes	salt water
	hot dogs
Feelings/Textures	heat of sun on back
	sweat, cool water, and towel on skin
	sand between toes

Event	a day at the concert hall
Visual details	
Sounds	
Smells	
Tastes	
Feelings/Textures	

Things I can do		Things I can't do	
1		1	
2		2	
3		3	
4		4	
5		5	
6		6	
7		7	
8		8	

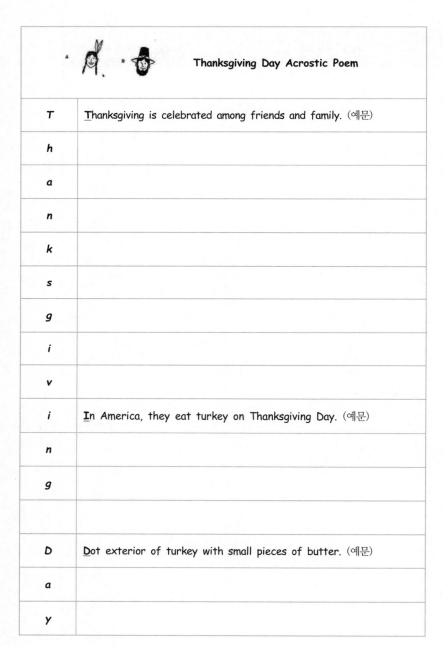

	Thanksgiving Day Acrostic Poem
T	<u>T</u>hanksgiving is celebrated among friends and family. (예문)
h	
a	
n	
k	
s	
g	
i	
v	
i	<u>I</u>n America, they eat turkey on Thanksgiving Day. (예문)
n	
g	
D	<u>D</u>ot exterior of turkey with small pieces of butter. (예문)
a	
y	

Facts and Opinions

*Use _I think that_ for opinions and _I know that_ for facts.

Example) Apple:

     - I think that apples are the best fruit all!.

     - I know that apples grow on trees and are ripe in the fall.

Water

- I think that_____

- I know that_____

Oil

- I think that_____

- I know that_____

Grammatical sentences and words list

(a) : Write eight commands that your father or mother gives to you.

(b) : List all the things you can think of that are blue or have   the word "blue" in them. (For example: blueberry, sky)

(c) : Write as many words as you can think of that mean the same as pretty.

(d) : Using adjectives that you have learned, make up compliments that you might give to other students in your class. Suggestions:

- Roger, you are an excellent student. (로저, 넌 훌륭한 학생이야.)
- Annet, you are very intelligent. (아넷, 넌 아주 똑똑해.)
- Paul, you are so funny. (폴, 넌 너무 재미있어.)

your answer 1: _____

your answer 2: _____

Brainstorming (B)		
a beach	sunshine, clean water, toilets, tubes, parasol, etc.	trash, too many people, a drunken person, overcharge (high prices), etc.
a department store		
a movie theater		
the road		
the supermarket		

Expressions All About Me

I worry about...

I dream about ....

I am proud of ....

I am afraid of..

I am interested in ....

I don 't believe in ....

I am good at ....

I am poor at ....

I have to ....

I feel like ....

I never ....

I can 't stand..

I have a habit of..

I no longer ....

....makes me laugh.

....makes me sad.

....make me angry.

PROBLEM / SOLUTION	
QUESTIONS	**ANSWERS**
What is the problem?	
What are the effects?	
What are the causes?	
What are the solutions?	

Example (A) Who might have said?				
1	author	a	Damn! This film is costing too much.	
2	songwriter	b	When I direct, even a stupid woman becomes a great actress.	
3	singer	c	No one interprets songs better than I do.	
4	presenter	d	They call me the golden voice of Naples.	
5	announcer	e	I discovered a lot of talent during my broadcast.	
6	comic	f	The intonation of voice is very important in attracting listeners' attention.	
7	director	g	For me, gestures express more than words.	
8	producer	h	How difficult it is to make people laugh.	
9	actor/actress	i	Blank pages depress me.	
10	mime	j	I'm tired of always playing the part of the beautiful woman.	

		Example (B) What did he/she say?
1	author:	_____
2	songwriter:	_____
3	singer:	_____
4	presenter:	_____
5	announcer:	_____
6	comic:	_____
7	director:	_____
8	producer:	_____
9	actor/actress:	_____
10	mime:	_____

	Example (C) Who might have said the following sentences and in what situation
"Your papers, sir."	(Possible answers) - a policeman arresting a driver or pedestrian. - a professor who has forgotten his compositions. - a customs agent returning identity papers to a traveler.
"Follow me, please."	
"Take a rest!"	
"Let me see..."	

Point of View	
Example	A young doctor who just left the hospital runs across a narrow street that is crowded with rush-hour traffic. His careless behavior arouses interest on all sides.
Questions	Give the comments that represent the reactions of the following:
1	A policeman (question) - Did you find a patient across the street? -
2	A child to his mother (question, observation) - -
3	A bus driver (exclamation) - -
4	The wife of the doctor (exclamation, question) - -
5	A young man on a motorcycle (exclamation) - -
6	An elderly woman to the child (negative question) - -
7	A merchant at the door of his shop (observation) - -

*question(의문문), observation(의견, 논평); exclamation(감탄문); negative question(부정의문문)

Role-Playing Situation (A)

Situation (1): Neighbor complaint

(Possible answers)
- They always have noisy parties.
- The children are really naughty.
- There is always trash in front of the house.

Situation (2): Boss complaint

-

-

Situation (3): Brother/ sister complaint

-

-

Situation (4): Teacher complaint

-

-

Situation (5): Boyfriend/ girlfriend complaint

-

-

Role-Playing Situation (B) - Park Warden

You are the park warden of a very big national park. You must decide what activities are allowed and what activities are prohibited

	...is prohibited	...is permitted prohibited/permitted reason
1) camping	_____	because _____
2) hiking	_____	because _____
3) fishing	_____	because _____
4) smoking	_____	because _____
5) drinking	_____	because _____
6) gathering firewood	_____	because _____
7) taking pictures	_____	because _____
8) cooking	_____	because _____

Unusual Uses
(독특한 사용, 즉, 사용 목적 이외의 것으로 사용할 수 있는 방법찾기)

Have students list possible or unusual uses of a brick, pencil, etc.

Example) Brick (벽돌은 원래 집을 지을 때 사용하는 것이지만, unusual uses 로는 책꽂이, 화분 등으로 사용)

- Book shelf - Flowerpot -_____ -_____	
Pencil _____ _____	
Clip _____ _____	
Straw _____ _____	

What If~

Question 1) What if electricity didn't exist?

- The universe would not exist.
- We wouldn't be able to watch TV, goon the computer, talk on the phone.
- Transport would be animal-driven or human-powered.

Question 2) What if all laws were repealed tomorrow?

-

-

Question 3) What if all schools were to close tomorrow?

-

-

Question 4) What if you no longer had a car?

-

-

Characteristically Thinking

	has weight		made of metal		flexible
1	- anchor - paper weight - - - -	**2**	- conduct electricity - conduct heat - melt down - - -	**3**	- picture hook - clean out drain - - - -

Coat Hanger

	can be cut		portable		has color
4	- nails - hooks - rings - - -	**5**	- leash - wire - spring - -	**6**	- signal - metal art - mark a spot

Completing Sentences

1. When I have 1 million dollars, _____

2. If I could be invisible for a day, _____

3. If I could be as small as a bug, _____

4. If I go to the airport early, _____

5. The atmosphere of our class is _____

Expanding Sentences

You have just gone to the movies. Describe the film that you saw by using the given words.

Vocabulary: gripping, exciting, interesting, impressive, fascinating, etc.

Rule: Study the example to learn how to expand a sentence by answering the questions who, what, where, or when, and why.

The storm damaged it.

WHO: The <u>fierce thunderstorm</u> damaged it.

WHAT: The fierce thunderstorm damaged <u>the power lines</u>.

WHERE or WHEN: <u>Yesterday</u> the fierce thunderstorm damaged the power lines.

WHY: Yesterday the fierce thunderstorm damaged the power lines <u>because the winds were so strong</u>.

The child lost it.

WHO:

WHAT:

WHERE or WHEN:

WHY:

The boy practiced.

WHO:

WHAT:

WHERE or WHEN:

WHY:

Plot Chart (SWBS)	
Somebody	example) Steve
Wanted	example) to build a house
But	example) he didn't have wood
So	example) he went to the store to buy some.

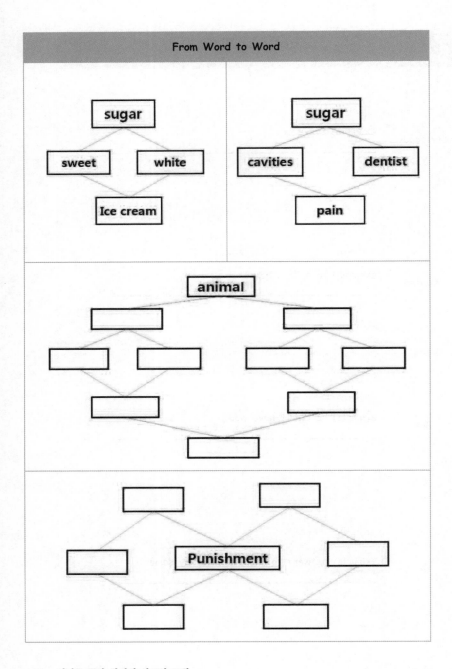

K (Know)	W (Want to know)	L (Learned)
Topic 1: Changes in American society - who lives in the United States, where they live, and how they live		
Topic 2: American cultural trends - literature, art, music, television, movies, sports		
Topic 3: Energy, the economy, and the environment - technology, energy supplies, business, kinds of work people do		

Embellishing Sentences and Paragraphs

I don't like to be late when I have an appointment.
I don't like to be late when I go to the movie.
I don't like to be late when I go to school.
I don't like to be late when I am invited somewhere.

(In fact) I am a very punctual person.

I don't like to eat beef and fork.
I do like much to eat lettuce and cabbage.

(In fact)

....

This apartment includes a refrigerator and a washer
Furniture is equipped in place so I do not need to buy them.

(In fact)

....

It's a good book.
I've just read a book that impressed me very much.
The author succeeded in creating a work that is both exciting and intelligent.

I liked this film.

....

....

Seoul is a very beautiful city.

....

....

Tom is a charming boy.

....

....

It Depends on What?

1

Are you going to go on a picnic tomorrow?
- It depends on the weather.
- If I rains, I'll stay home.
- If it's sunny, I'll go

2

Are you going to buy that coat?
- It depends on

....
- If ....
- If ....

3

Are you going to play computer games tonight?
- It depends on

....
- If ....
- If ....

4

Are you going to watch TV tonight?
- It depends on

....
- If ....
- If ....

5

Do people always wear suits to work?
- It depends on

....
- If ....
- If ....

6

Do you wear a sweater everyday?
- It depends on

....
- If ....
- If ....

7

Do you always take a taxi to work?
- It depends on

....
- If ....
- If ....

Cinquain Graphic Organizer I

Example) 1) Mirror 2) Shine, Reflect 3) Breaking, Facing, Stealing a glance(엿보다) 4) Know yourself! 5) Myself	1) 5행시를 위한 주제어 하나를 선택 2) 주제어를 묘사하는 두 개의 단어 선택(형용사, 동사, 부사 무방) 3) 주제어의 동작을 묘사하는 세 개의 단어 선택(~ing형으로) 4) 주제어를 묘사하는 문구 작성 5) 주제어와의 동의어 선택
	One word that tells what your poem is about (its subject)
	Two words that describe your subject
	Three action ~ing words that describe something your subject does
	A phrase that describes something else about your subject
	One or two words that rename what your poem is about (a synonym)

Cinquain Graphic Organizer II

Example 1) 1) Zoo 2) Funny monkeys 3) Acting like acrobats 4) A life of fun 5) Circus	Line 1: 한 단어로 주어를 말하라 Line 2: 두 단어로 주어를 묘사하라 Line 3: 세 단어로 주어에 관한 행동을 묘사하라 Line 4: 네 단어로 주어에 관한 감정을 표현하라 Line 5: 주어를 또 다른 한 단어로 재진술하라, 단 이미 말 한것들이 반영되도록 하라
Example 2) 1) Rain 2) Falling water 3) Jumping, dancing, showering 4) How happy you seem! 5) Fun	

Practice (car)

1)	Line 1: State the subject in one word.
2)	Line 2: Describe the subject in two words.
3)	Line 3: Describe an action about the subject in three words.
4)	Line 4: Express an emotion about the subject in four words.
5)	Line 5: Restate the subject in another single word, reflecting what you have already said.

Diamante Poetry	
Example) 1) Seed 2) Dry, wrinkled 3) Stirring, reaching, growing 4) Roots, sprouts, leaves, bud 5) Blossoming, opening, spreading 6) Wondrous, graceful 7) Flower	학생들에게 아래의 형태를 이용하여 7 줄의 시를 쓰도록 한다. Line 1: 하나의 명사 Line 2: 두 개의 형용사 Line 3: 세 개의 동명사 Line 4: 네 개의 명사(처음 두개는 첫 줄과 동의어고 다음 두개는 일곱번째 줄과 동의어) Line 5: 일곱 번째 줄의 명사를 묘사하는 동명사 세 개 Line 6: line 7의 명사를 묘사하는 2개의 형용사 Line 7: line 1의 명사와 반대되는 명사 또는 더 발전된 명사(태양 → 달, 씨앗 → 꽃)
Practice (a teacher)	
	Line 1: A noun
	Line 2: Two adjectives
	Line 3: Three gerunds
	Line 4: Four nouns (the first two synonymous with line 1; the last two synonymous with line 7)
	Line 5: Three gerunds describing the noun in line 7
	Line 6: Two adjectives describing the noun in line 7
	Line 7: A noun that is the opposite of the noun on line 1, or what that noun has developed into

Habit of Mind		
Icon	.... IS Habit of Mind .... Definition	
SOUNDS like	**LOOKS like**	**FEELS like**

Word Connecting Game			
fire	love	earth	rain

Metaphors

Use a metaphor to describe someone who is:

tall	He is a giant.
kind	She is an angel.
fast	
slow	
smart	
fat	
sneaky	
angry	
beautiful	
ugly	
stubborn	
short	
thin	
silly	
scared easily	

Empathizing an Inanimate Object

Example)
Sympathetic: If I were a pine tree, I'd feel like a soldier at attention.

Object 1) Street Light / Object 2) Mirror

Object 1) Street Light

Sympathetic	If I were a street light, I'd feel like...
Concrete	
Representational	
Imaginary	

Object 2) Mirror

Sympathetic	If I were a mirror, I'd feel like...
Concrete	
Representational	
Imaginary	

Using Sounds to Create Stories			
HEAVY BREATHING	CONCERT + MEOWING	HEAVY THUD	LOUD POP
Someone is in a hurry	The person running after the cat went into a concert hall	The pianist gets upset and throws the cat backstage	The pianist can't get rid of the cat, so he shoots it
Someone is afraid	It's burglars who meow like a cat when they hear someone in the room	The burglars knock out the apartment owner when he surprises them	The burglars celebrate their success with a bottle of champagne
Someone is running on the road	....	....	....

Analyzing Photographs

Example

(1) The Literal level (Observable facts)
   - No one is looking at the camera.
   - One of the six is standing.

(2) The Interpretive-applied level
   (Highly probable inferences drawn from the facts above)
   - It is a somewhat cool day.
   - All are unaware that they are being photographed.

(3) The Imaginative level
   (Speculation and Unverifiable Hypotheses)
   - All six arrive together.
   - The prices are high in this café.

Analyzing Photographs

Example

	Observable facts
1	
2	

3	
4	
5	
6	
7	
8	
9	

Highly probable inferences drawn from the facts above

1	
2	
3	
4	
5	
6	
7	
8	

Speculation and Unverifiable Hypotheses

1	
2	
3	
4	
5	
6	

Cartoon Analysis Worksheet	
Level 1	
Visuals	Words (not all cartoons include words)
1. List the objects of people you see in the cartoon.	1. Identify the cartoon caption and/or title.
	2. Locate three words or phrases used by the cartoonist to identify objects or people within the cartoon.
	3. Record any important dates or numbers that appear in the cartoon.
Level 2	
Visuals	Words
2. Which of the objects on your list are symbols?	4. Which words of phrases in the cartoon appear to be the most significant? why do you think so?
3. What do you think each symbol means?	5. List adjectives that describe the emotions portrayed in the cartoon.
Level 3	

Level 3

A. Describe the action taking place in the cartoon.

B. Explain how the words in the cartoon clarify the symbols.

C. Explain the message of the cartoon.

D. What special interest groups would agree/disagree with the cartoon's message? Why?

Creating Cartoon Captions 1

Girl's caption 1:

....

Girl's caption 2:

....

Girl's caption 3:

....

S.C.A.M.P.E.R.	
(TASK or Item) Umbrella (우산)	
Substitute	다르게 사용할 수 있는 곳은? 예) 구멍 파는 데, 때리는 데 Your ideas? ....
Combine	Your ideas? ....
Adapt	다른 용도로 사용하려면 어떻게 고쳐야(수정) 할까? 예) 밤길에 사용하려면 손잡이에 손전등을 달아야 Your ideas? ....
Modify	더 크게 하면 어떻게 될까? 예) 두 배로 하여 두 사람이 쓸 수 있게 Your ideas? ....
Put	Your ideas? ....
Eliminate	Your ideas? ....
Reverse	Your ideas? ....

영어를 통한 창의적 사고와 표현

저 자   노승빈
발행인   이동은
발행처   ㈜두뇌로세계로

편집   성현옥 · 백순현 · 이한별
디자인   홍진호
경영지원 김선경

출판등록 제2019-000010호
주 소   세종특별자치시 연청로 1161
전 화   1670-9678
F A X   0506-200-1757
홈페이지 www.9678.co.kr
이메일   do123410@naver.com

제1판 1쇄 발행 2012년 5월 15일
제2판 1쇄 발행 2020년 8월 15일

ISBN 979-11-961954-5-8